ネット広告が わかる 基本キーワード

70

サイバー・コミュニケーションズ 監修
MarkeZine 編集部 編著

MarkeZine BOOKS　SE SHOEISHA

✿ はじめに

　本書は、インターネットメディアで展開される広告についての本です。それらは「ウェブ広告」「デジタル広告」などと呼ばれていますが、本書では「ネット広告」と総称し、その基本的な仕組みや概念について解説しています。

　日本で本格的にネット広告ビジネスがスタートして、今年で 20 周年を迎えます。ポータルサイトから始まり、クチコミサイト、CGM、SNS、キャリアサービスなど、この 20 年間でさまざまなメディアサービスが誕生し、それらとともにネット広告も急成長してきました。年を重ねるごとにその役割は大きくなり、2014 年にはネット広告は 1 兆円を超える規模にまで発展しました。

　本書では、インターネット広告業界を志す方、入って間もない方に向けて、7 つの章に分けて、キーワードベースでさまざまな事柄を解説しています。実務の中でよく使われる用語や近年普及してきたアドテクノロジーだけでなく、広告の役割、広告に携わる人が守るべきルールなどについても触れています。

　今後もインターネットメディアは加速度的に変化し、新たなサービスが誕生するでしょう。そうした変化の中で、正しく健全にユーザーにとって必要とされるサービスとして広告を発展させていくために、大切なことを本書で学んでいただければと思います。

2016 年 1 月

株式会社サイバー・コミュニケーションズ

監修者 ·同

もくじ

本書内容に関するお問い合わせについて

本書に関するご質問、正誤表については、下記ウェブサイトをご参照ください。

刊行物 Q&A　　http://www.shoeisha.co.jp/book/qa/
正誤表　　　　http://www.shoeisha.co.jp/book/errata/

インターネットをご利用でない場合は、FAX または郵便にて、下記までお問い合わせください。電話でのご質問は、お受けしておりません。

〒 160-0006　東京都新宿区舟町 5
株式会社 翔泳社 愛読者サービスセンター
FAX 番号　03-5362-3818

Chapter 01
インターネットの利用動向と
メディアの変化

インターネットがどのように利用されているのか、メディアやサービスの変遷も含めて解説します。

01 1億人が利用するインターネット

日本国内でインターネットを利用する人の割合は80%を超えています。

　ネット広告の前提となる、国内のインターネット利用状況を見てみましょう。総務省が発表した「平成26年通信利用動向調査」によると、平成26年（2014年）の1年間にインターネットを利用した個人は1億18万人。1億人を超えたのは、前年に続いて2年目で、「ネット利用者1億人時代」といえるでしょう。

　インターネット利用者の割合は82.8％に達しており、利用者のうち男性は86.3％、女性は79.4％で前年からほぼ横ばいとなっています。13〜59歳までの各年齢階層で、インターネットを利用している人は9割を上回り、60〜79歳の高齢者でもインターネットの利用は拡大傾向にあります。

　利用端末では自宅のパソコンが53.5％で最も多く、スマートフォン

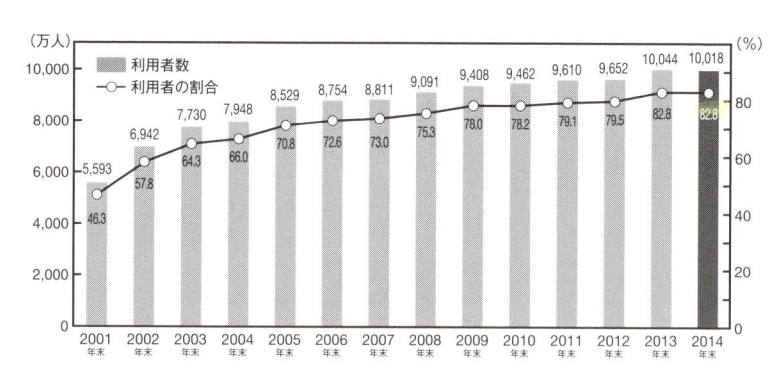

（注）　① 調査対象年齢は6歳以上。
　　　　② インターネット利用者数（推計）は、6歳以上で、調査対象年の1年間に、インターネットを利用したことがある者を対象として行った本調査の結果からの推計値。インターネット接続機器については、パソコン、携帯電話・PHS、スマートフォン、タブレット端末、ゲーム機等あらゆるものを含み（当該機器を保有しているか否かは問わない。）、利用目的等についても、個人的な利用、仕事上の利用、学校での利用等あらゆるものを含む。

図 01-01 インターネットの利用者数および利用者の割合の推移（個人）
　　　　出典：いずれも「平成26年通信利用動向調査」（総務省）

（47.1%）、自宅以外のパソコン（21.8%）が続いています。このうちスマートフォンは 13 〜 39 歳の各年齢階層で 7 割以上が利用し、自宅のパソコンを上回っています。利用頻度では、「毎日少なくとも 1 回」利用する人が 7 割以上。13 〜 49 歳までの各年齢階層で、「毎日少なくとも 1 回」利用する人の割合は 8 割以上となっています。多くの人の生活に、インターネットはなくてはならない存在になっていることがわかります。

企業の普及率は 99%

企業におけるインターネット利用率は、2007 年末以降は 99％台で横ばいとなっており、十分に普及している様子がうかがえます。現代のビジネスにおいてもインターネットは不可欠な要素となっています。

こうした利用を支えるインターネット接続回線を見ると、ブロードバンド回線を利用している企業は 87.8％、光回線は 84.9％。世帯におけるブロードバンド回線の利用は 97.6％。光回線は 57.1％、携帯電話回線は 52.0％となっています。高速に大容量のデータをやりとりできる通信環境が整うことによって、動画視聴を気軽に楽しむなど、用途も広がっています。

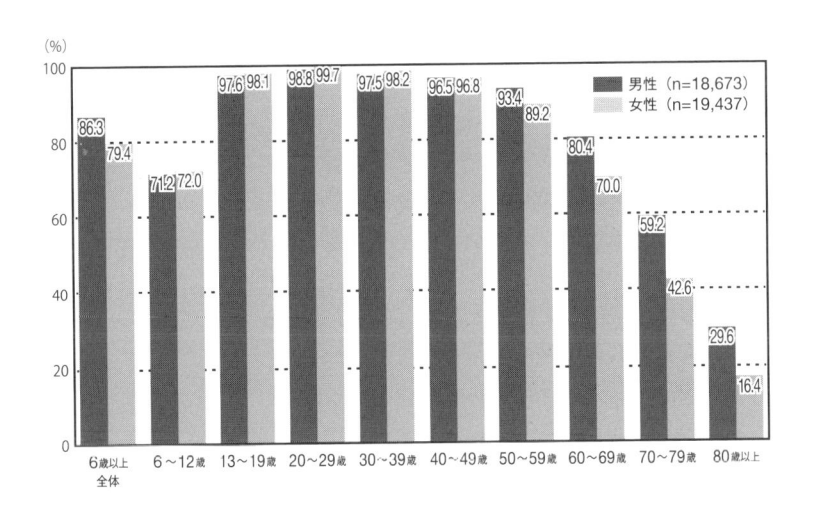

図 01-02 男女、年齢階層別インターネットの利用状況（個人）（2014 年末）

02 1日にテレビやネットに接触する時間は？

人々は「可処分時間」を、どのようなメディアで消費しているのでしょうか。

インターネットをはじめとする ICT（情報通信技術）の発達によって、人々が生み出す情報の量は過去とは比較にならないほど急激に増えています。特に 1990 年代後半から 2000 年以降、その傾向は激しくなっており、「情報爆発時代」ともいわれています。

消費しきれないほどの情報があふれる中、人々と情報の関わり方も変化しています。テレビを見ながら、スマートフォンで検索する「ながら視聴」などは身近な例といえるでしょう。しかし、1 日は 24 時間しかありません。そのうち人が活動し、自由に使える時間「可処分時間」は限られています。人々はいま、どのメディアに時間を割いているのでしょうか。

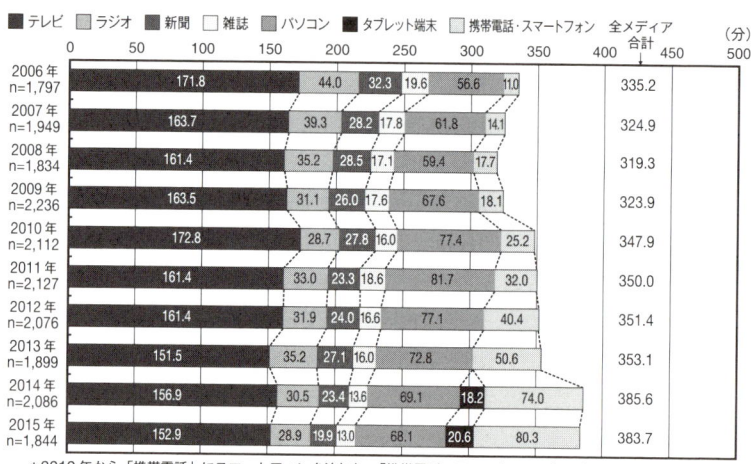

凡例：■テレビ ■ラジオ ■新聞 □雑誌 ■パソコン ■タブレット端末 □携帯電話・スマートフォン 全メディア合計

年	テレビ	ラジオ	新聞	雑誌	パソコン	タブレット端末	携帯電話・スマートフォン	全メディア合計
2006年 n=1,797	171.8	44.0	32.3	19.6	56.6		11.0	335.2
2007年 n=1,949	163.7	39.3	28.2	17.8	61.8		14.1	324.9
2008年 n=1,834	161.4	35.2	28.5	17.1	59.4		17.7	319.3
2009年 n=2,236	163.5	31.1	26.0	17.6	67.6		18.1	323.9
2010年 n=2,112	172.8	28.7	27.8	16.0	77.4		25.2	347.9
2011年 n=2,127	161.4	33.0	23.3	18.6	81.7		32.0	350.0
2012年 n=2,076	161.4	31.9	24.0	16.6	77.1		40.4	351.4
2013年 n=1,899	151.5	35.2	27.1	16.0	72.8		50.6	353.1
2014年 n=2,086	156.9	30.5	23.4	13.6	69.1	18.2	74.0	385.6
2015年 n=1,844	152.9	28.9	19.9	13.0	68.1	20.6	80.3	383.7

＊2012 年から「携帯電話」にスマートフォンを追加し、「携帯電話・スマートフォン」に変更
＊2014 年から「タブレット端末」を追加
＊2014 年から「パソコンからのインターネット」を「パソコン」に、「携帯電話・スマートフォンからのインターネット」を「携帯電話・スマートフォン」に変更

図 01-03 メディア総接触時間の時系列推移（1 日あたり・週平均）：東京地区
出典：いずれも「メディア定点調査 2015」（博報堂 DY メディアパートナーズ）

メディア接触時間の変化

　博報堂 DY メディアパートナーズの「メディア定点調査 2015」によると、1 日あたりのメディア総接触時間は 383.7 分（約 6 時間 23 分）で、前年とほぼ変わっていません。ただし、2006 年の 335.2 分と比較すると 48.5 分増加しています。接触時間が最も長いのはテレビですが、デジタルメディアも伸びています（図 01-03）。デジタルメディアの内訳を見ると、パソコンは 2011 年をピークに減少し、携帯電話・スマートフォンが増加しており、モバイルシフトが急速に進んでいます。

　メディア総接触時間の構成比を見ると、変化がよりわかりやすいでしょう（図 01-04）。テレビが他を圧倒していますが、デジタルメディアのシェアは年々拡大しています。中でも携帯電話・スマートフォンのシェアは急拡大しており、2014 年にはパソコンのシェアを上回っています。また、2015 年に「携帯電話・スマートフォン」と「タブレット端末」の構成比は合計ではじめて全体の 4 分の 1 を超えました。今後、新たな端末の登場によってさらに変化していくことになりそうです。

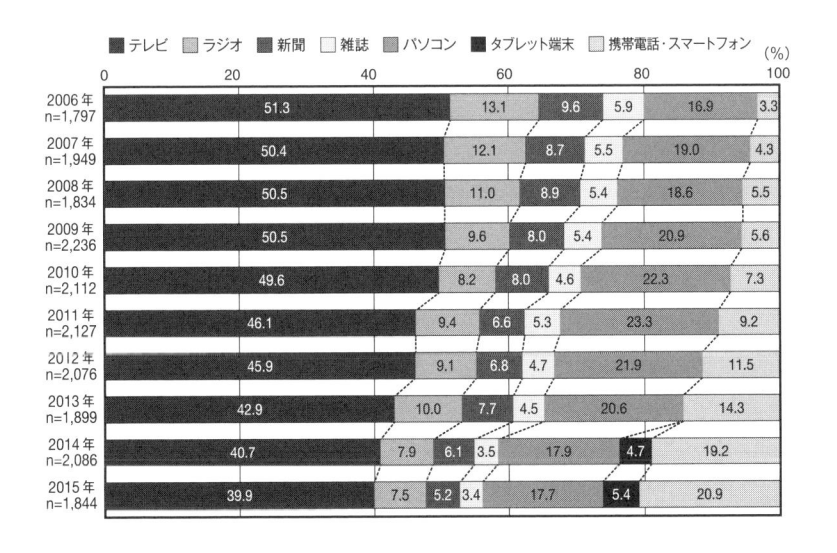

図 01-04 メディア別接触時間の構成比 時系列推移（1 日あたり・週平均）：東京地区

03 ネット利用端末のモバイルシフト

ネットを利用する端末は、パソコンから スマートフォンが主流になってきています。

　総務省の「平成26年通信利用動向調査」では、インターネットを利用する端末1位は「自宅のパソコン」、2位は「スマートフォン」となっています。しかし、10代・20代・30代ではスマートフォンが1位で、若い世代を中心に利用者が増加しています。このように持ち運び可能な端末への移行は**モバイルシフト**と呼ばれています。

　2007年、アップルがスマートフォン「iPhone」を世に送り出したとき、当時のCEOスティーブ・ジョブズ氏はプレゼンテーションの中で「アップルは電話を再発明（reinvent）します」と語りました。iPhoneの大きさは従来の携帯電話とそれほど変わりませんが、デスクトップパソコン並みのメール、ウェブ閲覧、検索、マップ機能を持つインターネット通信デバイスとして設計されていました。これによって、インターネットのコミュニケーションが大きく飛躍することをジョブズ氏は予見していたのです。

　情報通信機器の世帯保有状況においても、2010年に83.4%あったパソコンのシェアは、2014年に78.0%へ減少。一方、9.7%だったスマートフォンは64.2%へと急増しています。こうした状況から、多くの企業がウェブサイトをスマートフォン用に見やすく調整したり、どの端末で見ても最適な表示になるようサイト構築を行っています。

　このように快進撃を続けるスマートフォンですが、その成長は鈍化しつつあります。2014年の世帯保有率は、前年の62.6%から1.6%しか伸びていません。今後、どのように変化していくのか注視する必要があります。

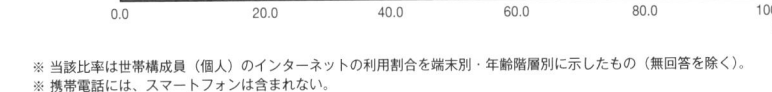

凡例: □ 自宅のパソコン　■ 携帯電話　▨ スマートフォン　▦ タブレット型端末

【平成25年末】

(歳)

13～19
- 73.8
- 12.8
- 64.1
- 15.1

20～29
- 73.4
- 17.4
- 83.3
- 13.2

30～39
- 71.0
- 24.7
- 72.3
- 19.7

40～49
- 73.0
- 31.4
- 54.8
- 15.4

50～59
- 67.9
- 37.2
- 33.8
- 11.3

60～
- 33.2
- 24.9
- 7.3
- 5.0

平成25年末
(n=38,144)

0.0　20.0　40.0　60.0　80.0　100.0
(%)

【平成26年末】

(歳)

13～19
- 63.3
- 8.1
- 71.3
- 20.1

20～29
- 67.3
- 11.8
- 87.5
- 15.4

30～39
- 65.4
- 15.3
- 78.0
- 21.1

40～49
- 67.1
- 20.8
- 63.8
- 19.5

50～59
- 61.5
- 26.2
- 41.8
- 15.6

60～
- 32.4
- 20.8
- 9.5
- 5.5

平成26年末
(n=38,110)

0.0　20.0　40.0　60.0　80.0　100.0
(%)

※ 当該比率は世帯構成員（個人）のインターネットの利用割合を端末別・年齢階層別に示したもの（無回答を除く）。
※ 携帯電話には、スマートフォンは含まれない。

図 01-05 世代別インターネット利用機器の状況
出典：「平成26年通信利用動向調査」（総務省）

04 ネットメディア・サービスの変遷

誰もが知っているあのサービスはいつ生まれたのか 振り返ってみましょう。

　当初は大学や研究機関で実験的に使われていたインターネットですが、1993年に国内でインターネット接続サービスが始まると、個人や企業を問わず、さまざまなサイトやサービスが生まれました。

情報発信の多様化

　1995年に新聞社やNHKなどのメディアがサイトを立ち上げ、1996年に「Yahoo! JAPAN」が誕生します。個人もホームページを立ち上げ、情報発信を開始しました。情報発信が多様化すると、どこにどんな情報があるのか知りたくなります。「エンターテインメント」「ニュース」などのカテゴリごとにサイトへのリンクを整理した「ディレクトリ検索サービス」が登場し、現在も「Yahoo! カテゴリ」として運営されています。

　しかし、変化が激しく広大なインターネットにふさわしいサービスとして、自由なキーワードを入力して、関連するウェブページを探し出す「検索エンジン」が登場。検索はその後、Yahoo! JAPAN や Google など複数のサイトを通じて、定番のサービスとなっていきます。

　当時よく利用されていたものには「ポータルサイト」もあります。ポータルは「入り口」という意味で、ニュース、スポーツ、天気などの情報を整理して網羅的に提供し、あわせて検索機能や人気サービスへのリンクも備えた便利サイトです。

本格的なネット広告ビジネスがスタート

　1996年にはサイバー・コミュニケーションズ（CCI）、デジタル・アド

バタイジング・コンソーシアム（DAC）という2つのネット広告専門のメディアレップが誕生しました。これは国内に本格的なネット広告ビジネスが立ち上がったことを意味します。

翌1997年には楽天市場がオープンし、2000年にはアマゾンジャパンが設立されます。

1998年に米国で設立されたグーグルは、2000年に日本語での検索に対応します。そして同年Google AdWordsという検索連動型広告を発表。この新しい広告サービスはその後大きく発展していきます。

国　内		海　外
IIJ、国内初のインターネット接続サービス	1993	
ニフティ、インターネット接続サービス開始	1994	Yahoo! 設立
asahi.com 開設 NHK オンライン開設	1995	Amazon.com オープン Microsoft、MSN スタート
Yahoo! JAPAN 設立 サイバー・コミュニケーションズ（CCI）設立 デジタル・アドバタイジング・コンソーシアム（DAC）設立 NTT アドら、検索エンジン goo 公開、ネット広告販売開始	1996	
楽天市場オープン エキサイト日本法人設立 クックパッド設立	1997	
サイバーエージェント設立、広告商品「サイバークリック」販売開始 ほぼ日刊イトイ新聞オープン	1998	Google 設立
NTT ドコモ、i モード提供開始 バリューコマース、成果報酬型の広告配信を開始 インフォシーク日本法人設立	1999	
オプト、インターネット広告代理業を本格展開 アマゾンジャパン設立 ディーツーコミュニケーションズ（現 D2C）設立 エイワンアドネット（現 mediba）設立 ファンコミュニケーションズ、アフィリエイトプログラム運用代行サービス開始 セプテーニ、インターネット広告事業開始 アイレップ、インターネット広告代理業を本格展開	2000	Google、日本語での検索を提供 Google AdWords を開始
Google 日本オフィス開設 はてな設立 J モバイル（現ソフトバンク）設立	2001	Wikipedia オープン

図 01-06 国内外の主なネット企業・サービス年表（1993 ～ 2001年）

ネットユーザーが主役のメディア

人気のメディアは時代とともに変わり
ユーザー自身が情報を発信するようになります。

　インターネットでの情報発信にはマスメディアも積極的に取り組みます。1995年以降、NHKや読売、朝日、毎日が次々とホームページやウェブサイトを立ち上げました。2010年に創刊された日本経済新聞電子版は、購読料を払うことで提供コンテンツのすべてを閲覧できる料金体系を構築しました。

　1990年代には、ニフティやソネットなどインターネット接続事業者が運営するサイトもポータルサイトとして利用されます。サイトのトップページには検索機能があり、ジャンルごとに分類されたリンクから目的の情報を閲覧することができました。パソコンのブラウザを立ち上げると最初に表示されるページにこうしたトップページを設定する人は多く、現在ではスマートフォンのホーム画面が、カスタマイズ性を備えて同様の機能を引き継いでいます。

　また、網羅性の高いポータルサイトとは逆に、グルメやコスメなど、あるジャンルに特化した専門サイトも登場するようになりました。

ユーザーが主役のメディアが登場

　メディアから読者へと一方通行だった情報の流れにも変化が起きます。CGM（Consumer Generated Media）と呼ばれる新たなメディアは、ネットユーザーが投稿した情報を蓄積し、検索可能なデータベースとなることで新たな価値を生み出しました。

　2001年に登場した「Wikipedia」は誰でも執筆に参加できる百科事典プロジェクト。個人が協力して大きな成果を生み出し、運営管理していくこ

ともインターネットによって可能となりました。

　また、レストランのクチコミサイトでは、多くの人がレストランの感想や料理の写真を投稿し、それを見て店を訪れた人がまた投稿し、情報が蓄積・更新されていきます。オンラインショッピングでは、買った人が投稿したレビューを、購入検討中の人が参考にすることもできます。

　日々のできごとや想いをつづった日記も人気を獲得し、ネット独自の文体や表現も生まれていきます。さらにブログサービスの登場によって、多くの読者がいる書き手が現れ、ネットならではの言論や影響力が生まれるようになりました。

国　内		海　外
ヤフー、検索連動型広告「スポンサーサイト」開始	2002	
ネット広告費 1000 億円超え はてなダイアリー提供開始 電通イー・リンク（現 DA サーチ＆リンク）設立	2003	Google AdSense 発表 Yahoo!、Overture Services を買収 Second Life リリース
mixi 運営開始 GREE 開始、グリー設立 サイバーエージェント、「アメーバブログ（現 Ameba）」開始 リンクシェア・ジャパン設立	2004	Facebook 設立
	2005	The Huffington Post ローンチ YouTube 設立
DeNA、モバゲータウン提供開始 ニコニコ動画（仮）スタート	2006	Twitter サービス開始 Google、YouTube 買収を発表
マイクロアド設立	2007	Apple、iPhone 発表
ソフトバンクモバイル iPhone 3G 販売	2008	Google、DoubleClick 買収完了
	2009	Microsoft、検索サービス Bing ローンチ
	2010	Apple、iPad 発表 Instagram サービス開始
LINE アプリ提供開始	2011	AOL、The Huffington Post 買収
	2012	Facebook、Instagram 買収
電通、英イージス・グループの買収完了 朝日新聞社、ザ・ハフィントン・ポスト日本版を開設	2013	
ネット広告費、1 兆円超え	2014	
日経、Financial Times 買収 BuzzFeed Japan 設立	2015	

図 01-07 国内外の主なネット企業・サービス年表（2002 ～ 2015年）

ソーシャルメディアの登場

人と人のつながりで情報が伝わる SNS が
メディアとして大きな存在になってきました。

　2000 年代に入ると、ソーシャルネットワークサービス（SNS）が次々と登場、その後急速に広がりました。総務省が発表した「情報通信メディアの利用時間と情報行動に関する調査報告書」によると、2014 年の主なソーシャルメディアの利用率では、全年代で LINE が 55.1％と最も多く、Facebook が 28.1％、Twitter が 21.9％で続いています。特に、LINE は 20代で 90.5％と圧倒的な普及率となっています。

　誰かと友だちになる、誰かをフォローすることによって生まれる人と人のつながりを「ソーシャルグラフ」といいます。SNS はインターネットに、人と人のネットワークという新たなレイヤーを生み出しました。

　多くの人が SNS を楽しむようになると、企業もその存在を無視できなくなっていきました。ブログや YouTube といったサービスも含めて、そこで起きている変化をマーケティング視点でとらえ、取り組む企業が増えていきます。それまでは広告によって消費者にリーチしていた企業が公式アカウントを開設して、フォローや「いいね！」をしてもらうだけでなく、新しい製品の情報を提供しながら、苦情や質問に対応し、ユーザーと冗談を言い合うことも珍しくなくなりました。

ソーシャルメディアのインターフェイス

　ソーシャルメディアの特徴として、新しい情報が上から下へ流れていく「タイムライン」画面があります。そこには、かつてのウェブサイトのようなトップページは存在しません。また、身近な人とすぐにコミュニケーションするには、いつも携帯しているスマートフォンが便利です。ユーザー

のモバイルシフトに合わせるように、運営会社は Facebook をはじめとして、スマートフォンでの利用にサービスを最適化しています。

2010 年に登場した Instagram は、スマートフォンで撮影した写真を投稿するヴィジュアル主体のコミュニケーションが特徴で、芸能人やセレブがプライベートを投稿するアカウントは何百万ものフォロワーを集めています。2011 年にリリースされた LINE は少人数での情報交換ツールとして急速に浸透し、「スタンプ」という小さなイラストを送り合うスタイルが注目を集めます。企業が公式スタンプを提供することで、広告とは違ったかたちでユーザーどうしの会話の中に登場することも可能になりました。

現在、ソーシャルメディアの中には、商品購入ボタンを設置できるサービスも出ており、企業にとってはエンゲージメントだけでなく、より購買に近いメディアへと変貌しつつあります。

図 01-08 人と人がつながる SNS

07 企業が自ら運営するオウンドメディア

企業が自らメディアを運営するケースが増えています。

3つのメディア

　企業とメディアの関係性から、近年では3つのメディアに分類することができます。新聞や雑誌のように、企業が広告費を払って利用するメディアを**ペイドメディア（Paid Media）**、前項で説明したソーシャルメディアは、企業に対する信頼や評判などを獲得する場であることから**アーンドメディア（Earned Media）**といいます。そしてもうひとつが、**オウンドメディア（Owned Media）**です。これらはまとめて「トリプルメディア」と呼ばれます。

企業が運営するオウンドメディア

　オウンドメディアは、企業がオーナーとなって所有し、自ら運営するメディアです。これまでも多くの企業がコーポレートサイトを運営し、事業内容、沿革、IR（投資家向け）情報などを提供してきました。しかし、オウンドメディアは、サイト全体を使って広告とは違うやり方で消費者にメッセージを伝え、消費者とコミュニケーションをすることができます。

　本格的に取り組んでいる企業は社内に編集部を擁し、商業メディア顔負けのページビューを獲得している人気サイトもあります。サイボウズのオウンドメディア「サイボウズ式」はその代表的な存在です。また、日本コカ・コーラの「コカ・コーラ パーク」では、会員がゲームで遊ぶとポイントを付与し、ポイントを使って応募できるキャンペーンを提供するなど、ゲーミフィケーションの要素を盛り込み、何度も訪れたくなるサイトづくりをしています。

広告のように、会社や製品を全面にアピールするのではなく、コンテンツを通じて、ゆるやかに自由度の高いかたちで企業の世界観を伝えることができるのは、オウンドメディアの魅力のひとつです。また、ユーザーに役立つ情報や資料ダウンロードなどの機能を提供し、リード（見込み客）ジェネレーションやリードナーチャリングにつなげるコンテンツマーケティングも可能になります。

　しかし、何度も行きたくなる飽きられないサイトを運営し、社内で記事編集からデザインまで行うのは、多くの企業にとってハードルが高いのも事実。また、最近では多くの企業がオウンドメディアを立ち上げているため、サイトをオープンしてもなかなか訪問者が増えないといった悩みを抱えているケースも多いようです。

　そのため、立ち上げから運営まで支援してくれる広告会社、PR 会社、制作会社と組んで運営するケースも増えています。オウンドメディアは、企業に最も近い、自由度の高いメディアですが、それを育てていくには、長期的な目標、優れた人材、ノウハウ、予算が必要です。

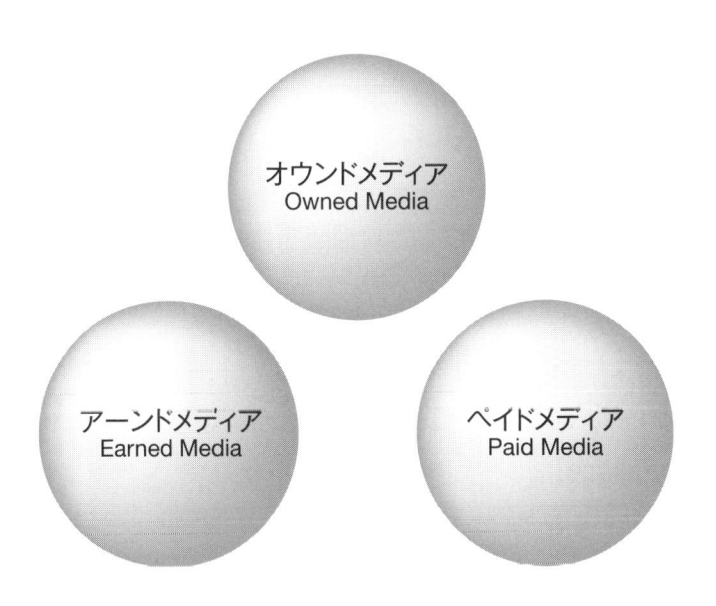

図 01-09 トリプルメディア

08 新たなネットメディアの登場

ネットで生まれ、本格的なジャーナリズムを目指すメディアも台頭しています。

　企業が運営するネットメディアも新たな動きを見せています。

　2005 年、アリアナ・ハフィントンが設立した「The Huffington Post」はニュースブログサイトとして頭角を現します。2012 年にはイラクとアフガニスタンの戦場で重傷を負った退役軍人のその後を追ったブログ記事によって、記者がピュリッツァー賞を受賞しています。同社は 2011 年に AOL が買収。さらに AOL は 2015 年に Verizon Communications に買収されます。2013 年 5 月、朝日新聞社は The Huffington Post Media Group と合弁会社を設立し、日本版「ハフィントン・ポスト」を開設しました。

　The Huffington Post 設立の翌年、同サイトの共同創設者であるジョナ・ペレッティが 2006 年に新たなメディアを立ち上げます。「BuzzFeed」はその名のとおり、人々がネットで共有したくなるようなコンテンツを提供。クチコミを巻き起こすバイラルメディアの代表的存在として知られるようになります。BuzzFeed はその後、ピュリッツァー賞受賞経験のあるジャーナリストを迎え入れ、本格的な調査報道にも対応。2015 年にはオバマ大統領へのインタビューを実現しています。また、データとテクノロジーの活用にも積極的なことでも知られています。2015 年 8 月に BuzzFeed とヤフーは合弁会社を設立し、日本版「BuzzFeed」の創刊を予定しています。

　2007 年には、Wall Street Journal の編集主幹だったポール・スタイガーが「ProPublica」を設立。綿密な調査報道はコストがかかりすぎると見られている現在、社会的な問題に光を当てる報道を中心に運営し、オンラインメディアとして初のピュリッツァー賞を 2010 年に受賞しました。運営資金は主に寄付によってまかなわれています。同社はまた、データを分

析して得られた情報を可視化してわかりやすく伝える「データジャーナリズム」に取り組むメディアとしても知られています。

　2015年に入ると、既存メディアにも国内外でさまざまな動きがありました。7月には日本経済新聞社が英国のFinancial Times Groupの買収を発表。10月にはBBCが日本語のニュースサイトを開設しています。

　このように、増え続けるメディアの情報を効率的に読者へ届ける**キュレーションメディア**も登場。国内では「グノシー」「antenna」「スマートニュース」が、ユーザーの興味・関心に合わせた記事をピックアップするサービスを提供しています。

図 01-10 日本版ハフィントンポスト
http://www.huffingtonpost.jp/

図 01-11 BuzzFeed
http://buzzfeed.com/

インターネットの利用動向とメディアの変化

 情報があふれる現代は
「人」もフィルターの一種

　スマートフォンを使って、通学や通勤の時間帯に情報収集している人は多いと思います。サイトだけでなく、FacebookやTwitterでメディアのアカウントをフォローして、流れてくる情報をチェックしている人もいるでしょう。現在では、ユーザーの興味関心をもとに、それに合わせたニュースや記事をピックアップして表示してくれる、便利なキュレーションサービスもあります。膨大な情報をフィルタリングして、おすすめ情報だけを提供してくれるサービスが登場すること自体、情報がいかにあふれているかをよく表しているといえるかもしれません。

　また、メディアやサービスだけでなく、「人」を選んで情報収集する場合もあるでしょう。アルファブロガーやインフルエンサーと呼ばれるネットの有名人だけでなく、各国で生活している個人のアカウントをフォローしたり、ある分野で活躍している研究者やビジネスパーソンが取り上げた情報に注目するといった方法で、自分では追い切れない情報を収集することも可能です。こうしたネットでの情報収集は、知らず知らずのうちに雑誌の編集者が行っていた執筆者の人選を、ユーザー自らが行っているともいえます。

　現在では、企業に限らず、アーティストやスポーツ選手も自分自身がどのように話題になっているかを確認するためにSNSやウェブを検索しています。エゴサーチと呼ばれるそうした検索を意識して、ライブや試合の感想を投稿するファンもいます。このようにインターネットでは、直接・間接を問わず、さまざまな情報収集が可能となっています。

Chapter 02

広告の役割

広告の基本的な役割や概念、媒体の種類、守るべきルール
を紹介します。

09 広告の歴史

現在のようなメディアがない時代の広告を振り返ってみましょう。

　「広く告げる」と書くように、広告には情報を広め、伝えるという役割があります。その内容は商品の宣伝から公的な通知までさまざまです。現在のようにメディアが発達していない時代は、店の看板やのれん、物売りの宣伝文句も広告の一種でした。江戸時代の主な広告主は、百貨店の原点である呉服屋です。豪商として知られる三井越後屋は、1683年にはじめて引札（チラシ）を発行した店として知られています。

　明治以降は新聞・雑誌が登場し、次第に一般庶民も手に取るようになります。紙面に設けられた「広告枠」には人の目にとまるよう、工夫を凝らしたキャッチコピーやヴィジュアルが躍るようになります。

　大正14年（1925年）に東京放送局（現在のNHK）が国内最初のラジオ放送を開始し、昭和28年（1953年）にNHK、日本テレビが相次いでテレビの本放送をスタート。放送メディアによって、広告に放送時間という時間の概念が加わりました。高度経済成長、大量消費社会の到来とともに家電製品が一般家庭に浸透し、新聞、雑誌、ラジオ、テレビは「マス4媒体」と呼ばれ、主要な広告媒体となります。

　そして1993年、日本初の商用インターネット接続サービスが始まり、ネットメディアを多くの人が利用するようになると、それに合わせるようにネット広告も発展していきます。このように、多くの人が集まるところに広告はあります。

図 02-01　両替屋の木製看板（江戸末期）

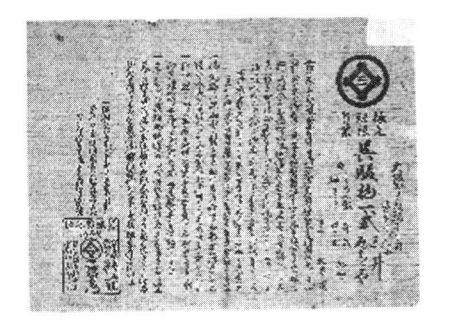

図 02-02　三井越後屋の引札。これは大阪高麗橋店（1691年開店）のもの。（江戸時代）

図 02-03　改造社が国民新聞に出した文学全集の予約募集広告（紙面の下半分、大正15年）

図 02-04　日清汽船のポスター（明治末期）

10 マーケティング活動と広告

広告は、マーケティング活動のひとつ。多くの人に情報を伝えるための手段です。

　広告は、マーケティング活動のひとつ。マーケティングとは市場のニーズや社会の動向などさまざまな情報を収集し、調査を行うことでニーズを見つけ、それに応える新商品を作り、その販売戦略を立てるという一連の活動を指します。そして、そのひとつに広告も位置づけられています。

　新しい商品ができたことを、多くの人に伝えたい。しかし、作った人が道行く人をつかまえて1人ひとりに紹介しても、伝えられる人の数には限界があります。広告は「広く告げる」と書くように、多くの人に情報を広めるという役割があります。1日で1万人に情報を伝えたい、そう考えたときにそれを実現する手段が広告です。

図 02-05 商品を1人ひとりに紹介するのは大変です。

企業、組織、個人が**広告主**となり、新聞や雑誌のような印刷媒体なら紙面上に設定される**広告枠**を、テレビのような放送媒体なら放送時間内に設定される広告枠を買い、広告を出します（出稿）。そこで文章や写真、音声や映像を使い、商品の魅力やメッセージを説得力のあるかたちで伝えます。

　広告は、商品をアピールして買ってもらうことを目的とするものもあれば、求人広告のように人材募集を告げるもの、私たちは社会にこういうふうに貢献していますと伝えるものなどさまざまです。

マーケティング活動の例

　ここで、清涼飲料水の会社が新商品を出す場合のマーケティング活動について考えてみましょう。誰に、どんなシチュエーションで飲んでほしいか。家族向けなのか、働く人向けなのかというように対象となる人（**ターゲット**）を考えたり、社会では今こんな変化が起きているのでこういう商品が必要だといった仮説を踏まえて商品を企画し、作り上げていきます。

　商品ができたらそれを買ってもらうための活動も必要です。新商品の販売目標が 100 万本、1 人に 1 本ずつ購入してもらうとして、どのくらいの数の人に情報を届ける必要があるでしょうか。仮に広告を見た人の 10 人に 1 人が購入すると考えた場合、1000 万人に届くように広告を展開する必要があります。

　効率的に商品情報を伝え、目標を達成するためには適切な**媒体（メディア）**を選ぶ必要があります。若い人向けの商品なら、ターゲットとなる人が見ているであろうメディアに広告を出します。どんな媒体に、どのくらいの期間、どんな広告を出すのか、検討すべきことはたくさんあります。もうひとつ重要なのは**広告予算**です。多くの人が見ている影響力のある媒体は、媒体費が高くなる傾向があります。

　そして広告を展開した後は、その**効果を計測**します。大きな広告予算を投下した結果、どのように売上に影響し、目標をクリアすることができたのかを分析し、また、次の広告キャンペーンへと活かしていくことになります。

11 リーチとフリークエンシー

広告を露出する量や回数を
表す概念があります。

　広告によって商品の購入というアクションを起こしてもらうことは大切ですが、商品を知ってもらう、おぼえてもらうことも広告の効果のひとつです。広告を掲載する具体的なメディアを**ヴィークル（vehicle）**といいますが、この言葉には「乗り物」という意味もあります。優れた乗り物にメッセージを託すことで、より速く、より広く、情報を伝えることが可能になります。

　メッセージは**広告クリエーティブ**と呼ばれる画像や映像、文章などによって具体的に表現されます。クリエーティブが担う役割は大きく、商品を適切にわかりやすく表現することはもちろん、時には人の目をひくインパクトも求められます。

どれだけの人に到達したか（リーチ）

　そうして掲載された広告がどれだけ多くの人に到達したかを**リーチ（reach）**といいます。テレビと新聞など複数のメディアで広告を展開した場合は重複リーチが発生します。重複してしまうのはもったいないという考え方もありますが、異なる媒体で広告に接触することによって、商品やサービスの認知度、好感度がアップするという効果もあります。

　テレビにおけるリーチを表す**視聴率**（世帯視聴率）は、放送を見ていた世帯を、番組放送地域の世帯数で割ったものです。また、**GRP（Gross Rating Point）**は、ある地域で一定期間に放映したテレビCMの放映ごとの視聴率を合計したもので、**のべ視聴率**ともいいます。これらは、テレビCMが必要な量に達しているかの目安になります。

広告に何回接触したか（フリークエンシー）

　ある期間、広告キャンペーンが展開されると、同じ広告を何度も目にする人も出てきます。ある人が広告を目にする回数を**フリークエンシー（frequency）**といいます。広告を見てから時間がたつと、その印象も薄れていきますが、広告に接触する回数は多ければよいというわけではありません。広告の内容や媒体によっても、適切なフリークエンシーは異なります。

　ネット広告には、広告キャンペーン全体でフリークエンシーをコントロールする仕組み（フリークエンシーキャップ）もあります。

　また、購入の意思決定をする直前に見た広告が一番効果が高いとする**リーセンシー（recency）**という概念もあります。このように、人がブランドを認知する仕組みや心理的な傾向を知ることも、広告のプランを行う際には重要です。

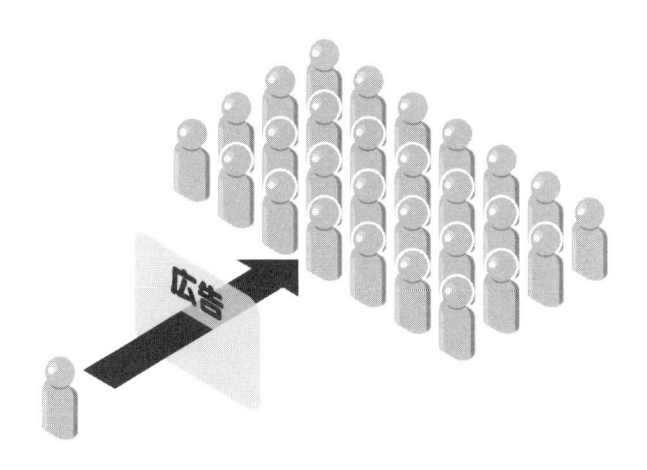

図 02-06　媒体を通してターゲットにリーチする

12 商品を認識し購入するまでの プロセス

人が商品を買うまでには いくつかの段階があると考えられています。

　広告を出して、商品を買ってもらうことも大切ですが、「新しい商品が出たんだな」と認識してもらうこと、**認知**も広告の大事な役割です。

　人が商品を購入するまでには、いくつかの段階があります。たとえば、何か解消したい問題（エアコンが壊れた）があり、製品情報を調べているうちに候補が絞られていき、購入に至る。こうした意思決定プロセスの中で、心理的変化や態度変容が起きます。その過程で購入に至る人の数が絞られていくため、図02-07のように漏斗型で表わされます。こうした図は「購買（パーチェス）ファネル」「マーケティングファネル」と呼ばれます。

　商品購入までのプロセスについては、さまざまな分析がなされ、モデル化されてきました。シンプルに3つのステップ、**認知**（知ってもらう）→

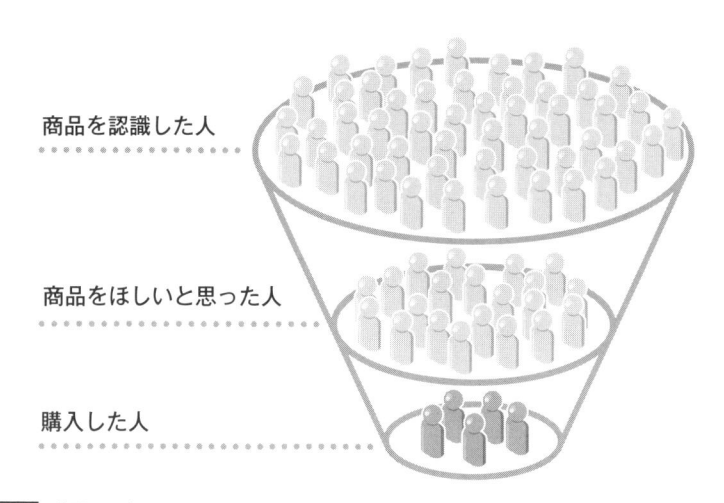

商品を認識した人

商品をほしいと思った人

購入した人

図 02-07　購買ファネル

欲求（欲しいと思ってもらう）→獲得（買ってもらう）に集約する考え方もあります。よく知られているモデルのひとつ「AIDMA」は、広告や商品に対する注意（Attention）から、関心を持ち（Interest）、欲求を感じ（Desire）、記憶し（Memory）、行動を起こす（Action）という段階を表しています。

これに対して、「AISAS」というモデルでは、インターネットで一般化した検索や情報共有を考慮し、注意（Attention）→興味関心（Interest）→検索（Search）→行動（Action）→共有（Share）という流れになっています。

その後、ソーシャルメディアが主流となる時代の生活者消費行動モデル「SIPS」が提唱され、共感（Sympathize）→確認（Identify）→参加（Participate）→共有・拡散（Share & Spread）と分析しています。

最近提唱されたモデルとしては、「Dual AISAS」があります。購買を中心とした従来のAISASを「タテのAISAS（買いたいのAISAS）」ととらえ、そこに消費者どうしのデジタルネットワークを介した広告・プロモーションなどのブランド情報の拡散を「ヨコのA+ISAS（「広めたい」のA+ISAS）」として加えています。

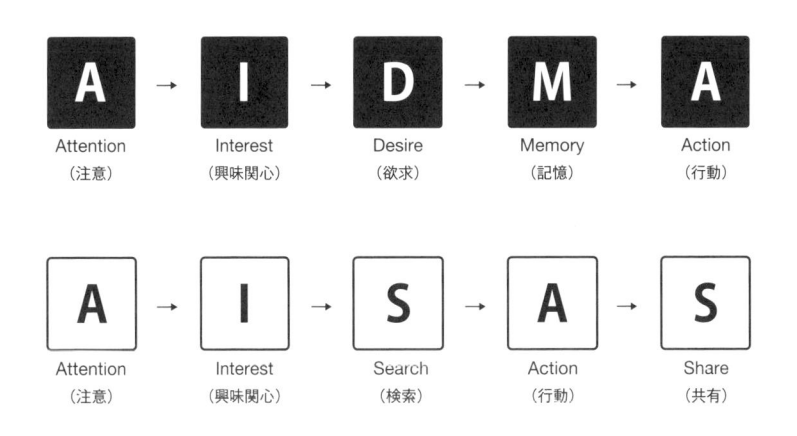

図 02-08 AIDMA と AISAS

13 広告媒体の種類

現在、広告媒体として利用されているものを3つに分類してみましょう。

　現在、広告媒体として使われているものには、どんな種類があるのでしょうか。ここでは大きく3つに分けて考えてみましょう。

マス媒体

　1つめは新聞、雑誌、テレビ、ラジオの**マス媒体**です。マス媒体は、印刷媒体や電波を通じて、非常に多くの人（マス）への情報伝達を可能にするメディアです。新聞には、全国紙、地方紙、専門紙などがあり、大きな紙面が特徴です。雑誌にも一般誌、専門誌があります。写真と文章を組み合わせたり、見開きいっぱいに写真を配置するなど、表現の自由度が高い媒体です。

　テレビは映像と音声を組み合わせた表現と放送のリアルタイム性が特徴です。ラジオは音声のみですが、クルマの運転など何かをしながら耳を傾けることができる面白さもあります。テレビとラジオの広告には、タイム広告（番組スポンサーとなり、番組放映時間の中で放映されるCM）、スポット広告（番組と番組の間に放映されるCM）などがあります。録画や録音によって、放送とは異なる時間帯に楽しむことも可能です。また、インターネットで配信される番組もあります。

ネット広告

　2つめのネット広告については第3章で説明しますが、ディスプレイ広告、リスティング広告、ビデオ広告などさまざまなフォーマットがあります。ネット広告は、近年大きく成長しています。

プロモーションメディア

3つめのプロモーションメディアには、それ以外の広告が分類されます。屋外広告（OOH：Out Of Home）はポスターや看板、大型ビジョンなど。交通広告にはバスや電車の車内吊り広告や、駅構内に貼られたポスターなどがあります。折込チラシ、ダイレクトメール（DM）、街で配られるフリーペーパーやフリーマガジン、店頭を彩るPOP（Point Of Purchase）なども含まれます。

これらはいずれも古くからある媒体ですが、現在においても大きな力を発揮しますし、これらに投下される広告費の総額は非常に大きなものになります。

図 02-09 主な広告媒体

14 日本の広告費

日本では、１年にどのくらいの広告費が使われているのでしょうか。

　毎年２月になると、電通は「日本の広告費」という調査資料を発表します。これは、日本国内で１年間（１〜12月）に使われた広告費（広告媒体料と広告制作費）の統計です。1947年に推定を開始してから、毎年マス４媒体（新聞、雑誌、ラジオ、テレビ）をはじめ、衛星メディア、インターネット、プロモーションメディアについて、各社の協力のもと、広告費を推定しています。これまでに、産業構造の変化などを踏まえ、推定範囲などを２回改訂しています。

　2014年の日本の総広告費は６兆1522億円（前年比102.9%）で、３年連続で前年実績を上回り、６年ぶりに６兆円超の市場規模になりました。

　図02-10は、媒体を大きく３つ「マスコミ４媒体」「インターネット」「プロモーションメディア」に分けて３年間の推移を示したものです。マスコ

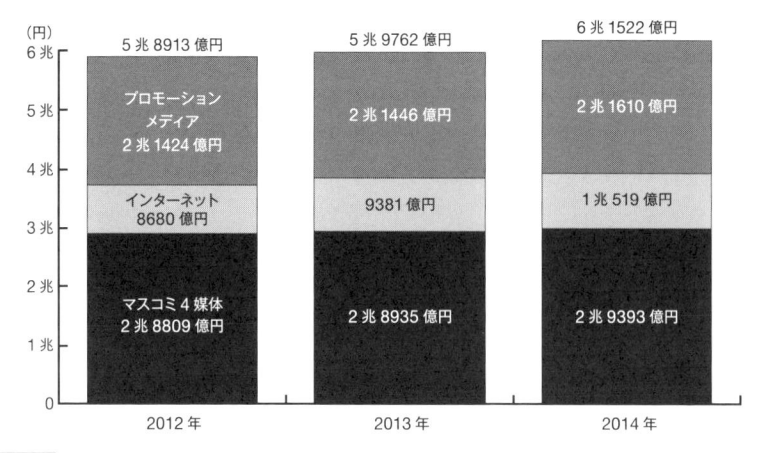

図 02-10 日本の広告費の推移
出典：いずれも「日本の広告費」（電通）

ミ4媒体とプロモーションメディアは2兆円を超え、インターネットは2014年にはじめて1兆円を超えました。

図02-11ではマスコミ4媒体の内訳とインターネット広告費の推移をまとめています。マスコミ4媒体ではテレビ広告費が最も大きく、新聞、雑誌、ラジオが続いています。

これらの広告費は基本的に、媒体費と広告制作費の合計です。インターネット広告費の場合、2014年の広告媒体費は8245億円、広告制作費は2274億円となっています。

また、インターネット広告については2012年に広告媒体費の内訳を見直し、「検索連動広告費」「モバイル広告費」といった分類を「運用型広告費」に統合しています。

広告フォーマット別の広告費は、「日本の広告費」以外にも、ビデオ広告など単体での調査データが業界各社から発表されます。また、国外のデータになりますが、米国の業界団体IAB（Interactive Advertising Bureau）が発表している「Internet Advertising Revenue Report」では、検索、モバイル、バナーなどの広告フォーマットごとの広告費を見ることができます。

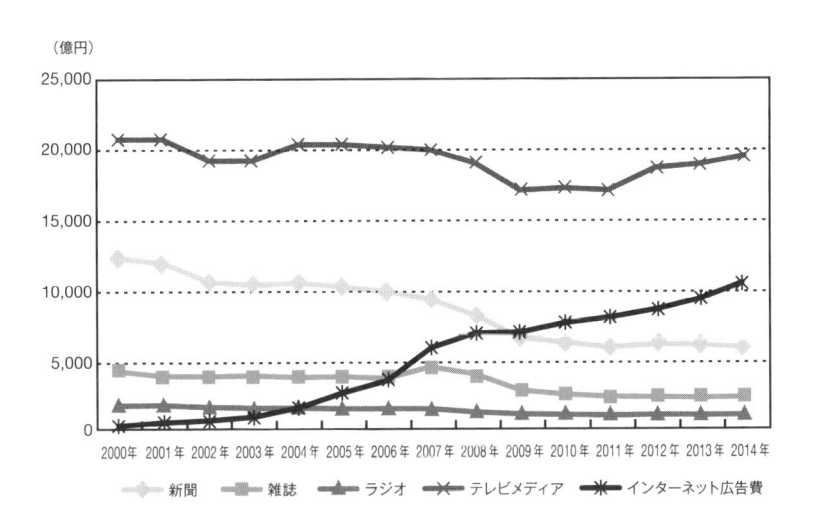

（億円）

図 02-11 日本の広告費、媒体別推移（2000 〜 2014 年）

15 広告で守るべきこと

安心して広告に接してもらえるよう
守らなければならないルールがあります。

　広告は多くの人の目に触れ、その行動に影響を与える可能性があります。そのため、いくつかの守るべきルールがあります。

　まず、広告は商品の情報を伝える前に、「広告であること」を明らかにしなければなりません。広告主が媒体社に広告費を払って、その情報を掲載していることが一般の人にもわかるようにする必要があります。編集部が作った記事なのか広告なのか明確にわからない状態は、見る人を迷わせます。また、広告主を明かさずに行われる「ステルスマーケティング」は、消費者の批判の対象となります。広告が広告であることを明らかにすることは、とても大切なことなのです。

　また「ウソをつかない」「まぎらわしい表現はしない」といったことも重要ですし、実態とかけ離れた表現や、差別的・暴力的な表現を使うこと、著作権や商標権などを侵害することは避けなければいけません。そのため、各種の法令があり、業界団体や媒体社がガイドラインを示しています。日本広告業協会の「広告倫理綱領」では、図02-12のように定めています。

　こうしたルールは実務において、具体的なプロセスとして実行されます。たとえばテレビでCMを放映するために、広告主はテレビ局の審査を受けます。CMの内容についても、問題となる表現はないか、法令に違反していないか、各業界の基準に違反していないかを審査されます。こうした審査はほかのメディアでも同様に行われます。ネット広告での審査については、章末のコラムを参照してください。

- 広告は、真実を示し、社会の信頼にこたえるものでなければならない。
- 広告は、関係法令や倫理規範を遵守するとともに、人権を尊重し、公正な表現を行うものでなければならない。
- 広告は、健全な社会秩序や善良な習慣をそこなうものであってはならない。
- 広告は、品位を重んじ、明るく、すこやかな生活づくりに貢献するものでなければならない。
- 広告は、生活者利益を優先する情報を提供するものでなければならない。
- 広告は、効果的で、効率的なコミュニケーションを通じて、最適なソリューションに貢献するものでなければならない。

図 02-12 「広告倫理網領」（日本広告業協会）

　ネット広告では、ほかのメディアにはない要件もあります。日本インタラクティブ広告協会の「インターネット広告掲載基準ガイドライン」では、媒体社は、掲載する広告クリエーティブだけでなく、広告のリンク先についても考慮するべきといった項目があります。また、「広告であることの明示」という項目では、図 02-13 のように定めています。

　広告掲載枠に掲載される広告は、一般に、広告が表示されることが明確であるが、媒体社が編集したコンテンツ等と混在したり、並列したり、リストの上位に広告として掲載される場合や、広告を中心とした特集記事や、いわゆるネイティブ広告等において、消費者等が媒体社により編集されたコンテンツと誤認する可能性がある場合や、広告であることがわかりにくい場合には、その広告内や周辺に、広告の目的で表示されているものである旨（[広告]、[広告企画]、[PR]、[AD] 等）をわかりやすく表示する必要がある。

図 02-13 「インターネット広告掲載基準ガイドライン」より「広告であることの明示」（日本インタラクティブ広告協会）

広告関連の法律とガイドライン

広告主、媒体社の双方が遵守するべき
基本的な法律を押さえておきましょう。

広告についての規定がある法律は多く、関連する法律は事業内容によって異なります。ここでは、そのうちのいくつかを紹介しましょう。

「景品表示法（景表法）」は、過大な景品を付けて商品やサービスを販売することで、それに魅力を感じて購入した人が不利益をこうむることのないよう広告や商品パッケージなどの表示を制限し、罰則規定を設けています。第4条の「不当な表示の禁止」では、実際の商品よりも優れているような表現によって、消費者の合理的な判断を阻害することを禁じています。

「不正競争防止法」は、事業者どうしが公正な競争を行えるように定めた法律です。第2条に「不正競争」の定義があり、商品やサービス、その広告などに、商品の原産地、品質、内容、製造方法などについて誤認させるような表示をして提供することも含まれます。

「薬機法（旧薬事法）」は医薬品、医薬部外品、化粧品、医療機器などの品質、有効性、安全性の確保などを目的に規制を行うもので、その第66条「誇大広告等」では、医薬品、医薬部外品、化粧品などの名称、製造方法、効能、効果または性能に関して、虚偽または誇大な記事を広告したり流布してはならないとしています。

「特定商取引法」は、訪問販売、通信販売、電話勧誘販売など、消費者トラブルが発生しやすい特定商取引において、事業者の不公正な勧誘行為などを取り締まるための法律です。通信販売は対面販売ではないため、広告が重要な情報源になります。第11条「通信販売についての広告」では、広告に表示するべき内容として、販売価格や商品の引き渡し時期、代金の支払い方法などをあげています。第12条「誇大広告等の禁止」では、実

際よりも著しく優良であると誤認させるような表示を禁じています。また、第12条の3「承諾をしていない者に対する電子メール広告の提供の禁止等」ではオプトインしていない人への電子メール広告を禁じています。

　このほかにも、貸金業法、健康増進法、食品衛生法、職業安定法、宅地建物取引業法など、さまざまな法律が広告についての規定を設けています。また、「公職選挙法」では、インターネットなどを利用して候補者の氏名などを表示する有料広告を禁止しています。

業界のガイドライン

　各業界でもガイドラインを発表しており、日本化粧品工業連合会は「化粧品等の適正広告ガイドライン」を、自動車公正取引協議会では、「自動車公正競争規約」を定めています。ネット広告に関しては、日本インタラクティブ広告協会（JIAA）が、新たな広告手法やデータ活用などについてのガイドラインを公開しています。

●広告についての規定がある主な法律

・貸金業法
・景品表示法（不当景品類及び不当表示防止法）
・健康増進法
・公職選挙法
・職業安定法
・食品衛生法
・消費者契約法
・特定商取引法（特定商取引に関する法律）
・宅地建物取引業法
・不正競争防止法
・薬機法（医薬品、医療機器等の品質、有効性及び安全性の確保等に関する法律）

● JIAA のガイドライン

・インターネット広告倫理綱領及び掲載基準ガイドライン
・ネイティブ広告に関する推奨規定
・プライバシーポリシー作成のためのガイドライン
・行動ターゲティング広告ガイドライン
・JIAA インフォメーションアイコン運用ガイドライン
・JIAA インフォメーションアイコンクリエイティブガイドライン

図 02-14 広告に関する主な法律と JIAA のガイドライン

「デジタルはすぐに変更できる」という考え方の危険性

　デジタルメディアは何でも即時に情報反映できると思っている方が多いのではないでしょうか。もちろん、印刷物のようなアナログメディアにはない、リアルタイムな情報伝達能力は、デジタルメディアの大きな特徴といえます。

　インターネットの予約型広告では、実際に広告が掲載される前に、原稿の表現審査を行っています。景品表示法や薬機法（旧薬事法）など、各種法令に基づいて策定された規定に則って審査を進めます。法令以外にも、視覚的な審査、たとえば激しい点滅のような見る人に不快感を与える表現、公序良俗に反する表現など、さまざまな観点から審査し、ユーザーを保護します。

　もちろん、誤字脱字の確認や、広告原稿内の記載とリンク先ページ内の記載との整合性など、ユーザーが適切な情報を得られるよう徹底的にチェックします。このように、掲載前に十分な原稿審査を行うことで情報の精度が高まり、広告主、媒体社、消費者の利益を守ることができるのです。

　これに対して、運用型広告では即時に広告反映が行われ、原稿審査は事後という場合も多くあります。このフローは広告主、媒体社、消費者にとって、危険性をはらんでいるということを理解しておきたいところです。信頼ある企業間の取引として成り立っている仕組ですが、人が行うことには大小さまざまなミスが付き物です。一歩間違うと、誤情報のまま広告が掲載され、消費者に不利益を与えます。それは広告主と媒体社のブランド毀損や信頼喪失に直結します。

　即時反映のメリットだけにとらわれず、情報の送り手・受け手双方の安心と安全のために、情報精度を高めることの重要性をあらためて認識する必要があるでしょう。

Chapter 03

ネット広告の基本

ネット広告の種類や課金形態、アドテクノロジーを使った
広告取引の仕組みについて解説します。

17 世界で最初のバナー広告

ウェブサイトにはじめて表示された広告は
どのようなものだったのでしょうか。

　インターネットのウェブサイトがはじめて広告を掲出したのは、米国の雑誌「Wired」のオンライン版である「HotWired」といわれています。1994年に、同サイトはAT&TやVolvoなど14社の広告主を集めてバナー広告を展開しました※。日本では、1996年に「Yahoo! JAPAN」がオープンしたときに掲出されたバナー広告が最初のネット広告とされています。

　バナー広告の「バナー（banner）」は、旗やスローガンを書いた横断幕を表す言葉で、ウェブサイトのトップページの上部に設置するのに適した横長の形からそう呼ばれるようになりました。バナー広告がページの上部に配置されるのには意味があります。ウェブページにアクセスしたら、その下の部分はスクロールしないと表示されません。スクロールなしで最初

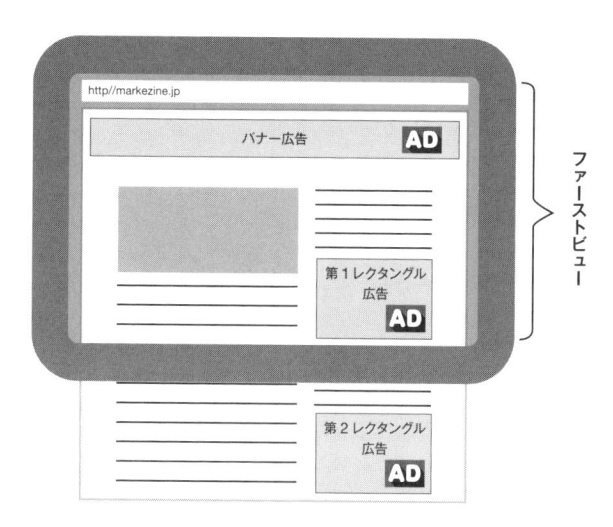

図 03-01 ファーストビュー

に表示される部分を「**ファーストビュー**」といいますが、ページ上部にある広告ほど、ユーザーが目にする可能性が高くなります。

　バナー広告は大きさや比率の異なる四角形の広告の総称にもなっています。現在、デスクトップパソコンで主流になっているのは、ヨコ 300 × タテ 250 ピクセルのレクタングルバナーです。これらは、ひとつのページ上に複数設置することができます。

　画面上の広告サイズは「ピクセル（pixel）」という単位で表します。ラージバナーは 728 × 90 ピクセルなど、形やサイズ、データ容量を業界で統一することで、見る人は広告と認識しやすくなり、安心感を与えることができます。また、広告出稿の省力化にもつながります。

　その一方で、独自の広告フォーマットで、より話題性のある広告を展開することも可能です。トップページの上部や左右をすべて広告スペースとしてクリエーティブを展開したり、広告の上にマウスカーソルを載せると広告枠が拡大するエキスパンド広告など、リッチ広告と呼ばれるものも開発されています。

※ WIRED" Oct. 27, 1994: Web Gives Birth to Banner Ads"
　（http://www.wired.com/2010/10/1027hotwired-banner-ads/）より

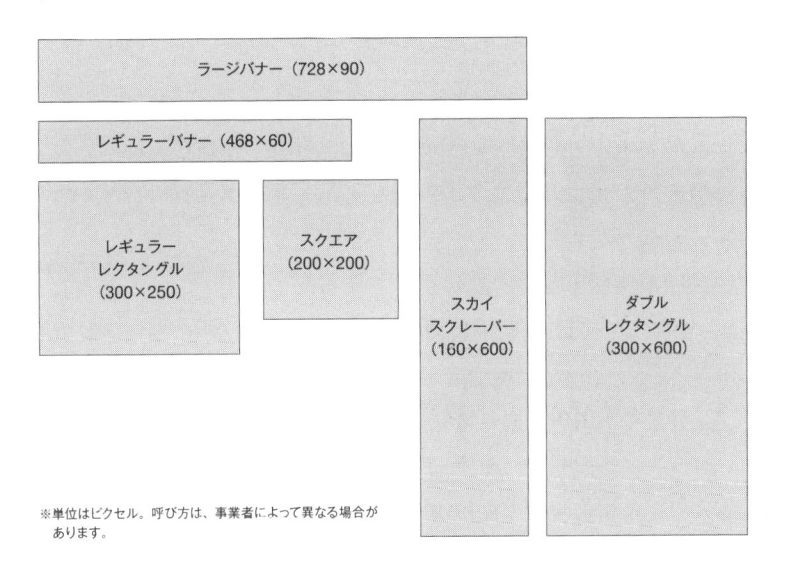

※単位はピクセル。呼び方は、事業者によって異なる場合があります。

図 03-02 代表的なバナー広告の名称とサイズ

ネット広告の種類

ネット広告には、バナー以外にも
いくつかの種類があります。

　ネット広告は、広告の形状だけでなく、表示内容、機能、表示する端末（パソコンやスマートフォン）、配信方法などによって、さまざまな分類が可能です。図 03-03 はその分類の一例です。ここではこれをもとに説明していきます。

　ウェブサイトに表示される広告、**ディスプレイ広告**は、バナー、テキスト、リッチメディアに分けることができます。バナー広告は画像と文字要素を組み合わせたもので、代表的な広告商品としては、Yahoo! JAPAN のトップページ上部右側に掲載される「ブランドパネル」があります。テキスト広告はテキストにリンクを設定したものです。リッチメディア広告は、音声や動画による表現を使ったもの、広告自体が拡大するなどの動きがあるものを指します。

　ユーザーが入力した検索キーワードや、閲覧しているコンテンツに関連した広告を表示する**リスティング広告**には、検索連動型広告とコンテンツ連動型広告が含まれます。代表的なものとしてグーグルの AdWords、AdSense があります。

　電子メールも主要な広告媒体として使われています。紙のダイレクトメール（DM）の代わりに、製品情報を自社サービスの会員などに向けて告知するほかに、定期的に配信するメールマガジン（メルマガ）があります。

　アフィリエイト広告は成果報酬型の広告です。運営会社のアフィリエイトプログラムに参加しているウェブサイトやブログに掲載したリンクから商品購入や資料請求などの成果が発生すると、それに応じて報酬が支払われる仕組みです。

ネイティブ広告は近年注目されている新たな広告の考え方で、広告を掲載するメディアのデザインや機能に適した広告の形態を指します。米国の広告業界団体IABの分類では、記事スタイルで商品やサービスを訴求する**タイアップ広告**もここに含まれます。

　ユーザーが利用する端末という切り口で考えると、スマートフォンを中心とした**モバイル広告**も重要なカテゴリです。小さな画面をユーザーが直接指で操作することから、同じディスプレイ広告やリスティング広告でも、デスクトップパソコンとは異なるフォーマットサイズ、位置、表現が求められます。

　また、通信環境の向上、コンテンツの充実によって、移動の途中にスマートフォンで動画視聴を楽しむ人が増えています。このため、近年ではさまざまなビデオ広告キャンペーンが展開されています。

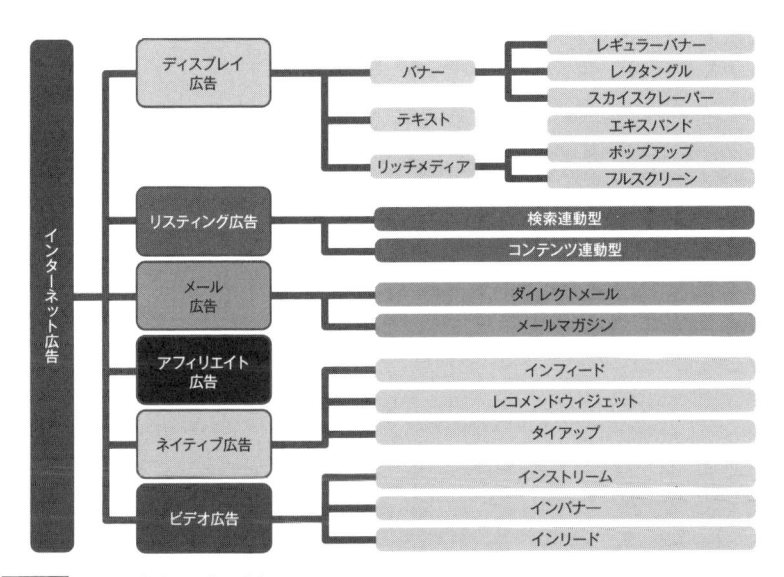

図 03-03 ネット広告の分類の例

19 ネット広告の3つの効果

従来の広告にはない、ネット広告の効果とは どのようなものなのでしょうか。

　ネット広告の大きな特徴として、データを計測できることがあげられます。たとえば、広告掲載ページがユーザーのブラウザに表示されたとき、そのページの表示回数を**1ページビュー**（Page View、PV）としてカウントし、広告の表示は**1インプレッション**（impression、imp）という単位で表します。

　ネット広告のもうひとつの特徴は、クリックしてその先のページへ移動できるという点です。たとえば、あるイベントを告知する広告をクリックすると、そのイベントの詳細ページが表示されます。ユーザーはそこでイベントの内容や登壇者の情報を閲覧して、参加申し込みをすることができます。広告をクリックすると表示されるページは**ランディングページ**（着地ページ）といいます。広告クリエーティブだけでなく、このページの内容やデザインも広告に含まれます。

　広告主の目的がイベント参加者の獲得である場合、ユーザーが参加申し込みをすることを**コンバージョン**（conversion）といいます。これは「変化する・転換する」という意味で、商品を認知し、興味を持ち、購買・成約に

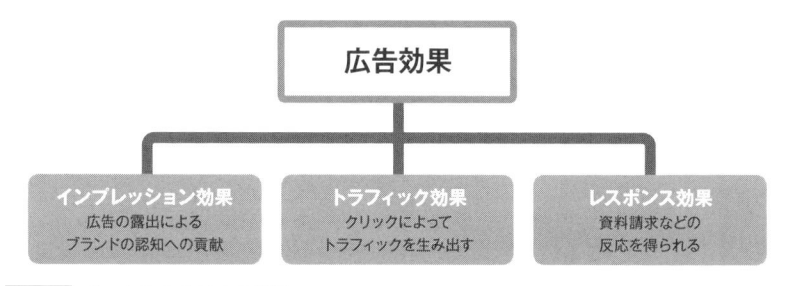

図 03-04 ネット広告の3つの効果

至るプロセスの中で、最終的に見込み客が顧客に変化したことを表します。

ネット広告の3つの効果

　ネット広告の効果をまとめると、インプレッション効果、トラフィック効果、レスポンス効果の3つに分類できます。

　インプレッション効果はユーザーが広告を見ることによって商品を認知したり、ブランドに好感を持つといった効果です。一方**レスポンス効果**は、商品購入などの反応（レスポンス）を得られることを指します。

　トラフィック効果はこの2つの中間に位置するもので、広告をクリックすることによってサイトのトラフィック（ユーザーがサイトを行き来すること）を生み出す効果を指します。

　また、広告を見ただけでクリックしなかったけれど、その印象が残り、後に広告主のサイトを訪れる場合もあります。こうした広告表示後の効果を**ポストインプレッション効果**といいます。また、広告をクリックしたけれど、そのときは購買や資料申し込みなどに至らなかった。しかし、後の購買に寄与したと考えられる場合は**ポストクリック効果**と呼びます。

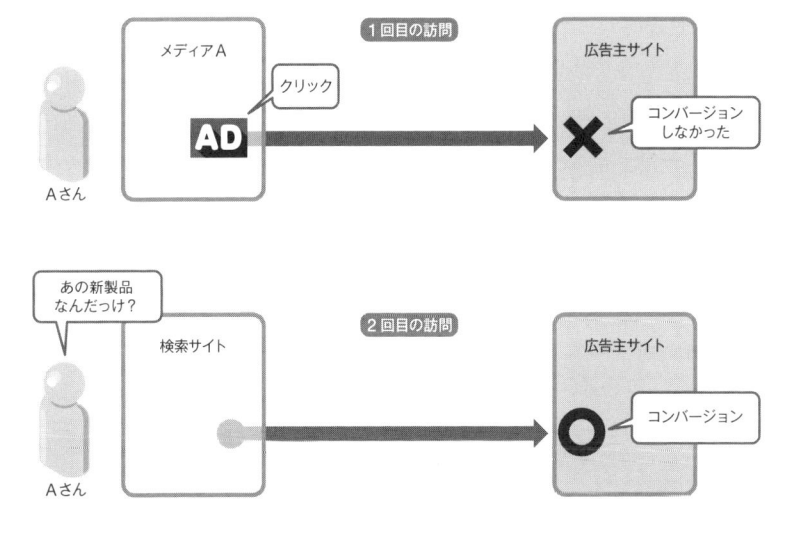

図 03-05 ポストクリック効果

20 ネット広告の指標

広告の効果は、CPMやCPAなどの指標によって具体的に表すことができます。

　ネット広告には、その効果を測る指標がいくつかあります。**CPM**は「Cost Per Mille」の略。Mille は「1000」という意味で、広告のインプレッション1000回あたりの広告費を表します。広告費が70万円でインプレッションが1000万回あった場合、CPM は70円になります。

　CPC は「Cost Per Click」の略で、クリック1回あたりの費用を表します。あるサイトにディスプレイ広告を出したとき、広告費が10万円で、クリックが1万回あったとしたら、その CPC は10円になります。

　CPA は「Cost Per Acquisition」「Cost Per Action」の略で、購買や資料申し込みなどのアクションを得るための費用を表します。Acquisitionは「獲得」という意味があり、新規顧客を1件獲得するのにかかった費用という見方もできます。

$$\text{CPM} = \frac{70万円}{1000万imp/1000} = \frac{70万円}{1万imp} = 70円$$

$$\text{CPC} = \frac{10万円}{1万クリック} = 10円$$

$$\text{CTR} = \frac{5000クリック}{100万imp} \times 100 = 0.5\%$$

図 03-06 CPM、CPC、CTR の計算式

これらの指標は広告主から見ると費用（Cost）であり、低く押さえられればそれだけ高いパフォーマンスが得られたと見なされます。一方、これらは広告を掲載する媒体社から見ると収益（Revenue）を表す単位になります。媒体社は収益を最大化するため、新たな広告メニューの開発やアドテクノロジーの活用に取り組みます。

その他の指標

　「C」で始まる用語はほかにもあります。**CTR** は「Click Through Rate」の略で、広告がクリックされた回数を、広告の表示回数で割ったもの。広告が 100 万回表示され、クリック数が 5000 回の場合、CTR は 0.5％になります。

　広告を見たときはクリックしなかったけれど、後で広告主のサイトを訪問したというポストインプレッション効果を表す指標 **VTR** は「View Through Rate」の略で、ある期間の広告のインプレッション数でサイトの訪問数を割ったものになります。

　CVR は「Conversion Rate」の略でコンバージョン率ともいいます。ある指標に対して、目的とする成果（コンバージョン）が得られた率を表します。たとえば、広告がクリックされた回数のうち、それがサイトの目標とする会員登録などの成果に結びついた割合を表します。

　また、コンバージョンがクリックから生まれたのか、インプレッションから生まれたのかを表す指標として、Click Through Conversion（CTC）、View Through Conversion（VTC）もあります。

　また、こうした指標のうち、目標の達成度を測る指標として使われるものを **KPI**（Key Performance Indicator：重要業績評価指標）といいます。何を KPI とするかは、事業の内容や広告キャンペーンによって異なります。

21 広告の課金形態

広告の課金には、配信する面や期間などの条件によって、いくつかの種類があります。

　ネット広告では、配信面・配信フォーマット・配信期間などによって課金方法が決まります。図 03-07 は、媒体社が提示する保証内容を大きく 3 つに分類したものです。具体的な課金形態として、ここでは 7 つ紹介します。

期間保証型
　指定された期間、特定の広告枠に広告掲載を行う最もシンプルな料金体系です。たとえば、1 週間の広告掲載で 10 万円というかたちになります。

インプレッション保証型
　一定期間内に、指定されたインプレッション数（表示回数）の広告掲載を保証することに対して料金が発生します。10 万円で 100 万 imp 保証（配信期間は想定 1 週間）というかたちです。

期間保証型	配信量保証型	掲載期間・配信量無保証型
掲載期間を保証する。 例）1 週間、1 か月	配信量を保証する。 例）5000 万 imp 保証	成果の単価を保証する。 例）クリック単価保証、コンバージョン単価保証

図 03-07 媒体社が保証する条件

クリック保証型

一定期間内に指定された回数のクリックを目標にして広告の掲載を行います。たとえば、10万円で2000回クリックされるまで広告を掲載するかたちです。

クリック課金型

広告の1クリックあたりの単価を設定し、クリックされた数に応じて料金が課金されます。クリック単価50円として2000クリックの場合は、広告費は10万円となります。

成果報酬型

商品の販売や資料請求などの成果に対し、1件あたりの成果報酬額をあらかじめ取り決め、広告によって実際に成果が生じた場合にのみ広告主への課金が発生します。商品購入1件当たり5000円の成果報酬で20件の成果が発生すると、報酬額として10万円課金されます。

再生保証型

ビデオ広告の課金形態で、一定期間に指定された回数、ビデオ広告が再生されることを目標に掲載を行います。最後まで再生されてはじめて「1再生」とカウントするメニューもあります。たとえば、10万円で1000回の再生を保証するというかたちになります。

配信課金型

メール配信の課金形態で、1通あたりのメール単価を設定し、配信数に応じて課金します。メールマガジン広告、ターゲティングメール広告で使われます。メールを配信する際のターゲティングの条件に応じて、この単価も変化します。配信単価5円のメールを2万通配信すると料金は10万円になります。

22 広告の運用とは

ネット広告における「運用」とは何かを考えてみましょう。

運用型と予約型

　広告はプランを立てて広告を出稿し、掲出されたらそれで終わるわけではありません。ネット広告の場合は日々リアルタイムでデータを計測し、それをもとにチューニングすることが可能です。

　仮にディスプレイ広告を使ったキャンペーンの目標（KPI）が平均CPC100円だとして、未達の日が2日続いた場合、なんらかの手を打たなければなりません。そのとき、アドエクスチェンジといった仕組みを使って広告在庫の買付の調整（価格が高騰している広告枠の買付を切り替えるなど）を行います。そこでは広告在庫は入札によってリアルタイムで売買されるため、調達する在庫の数や調達価格は異なります。そうした要素を予算も含めてコントロールしながらKPIを達成する広告を**運用型広告**といいます。これらはアドテクノロジーや広告を取引するプラットフォームがあってはじめて可能となります。

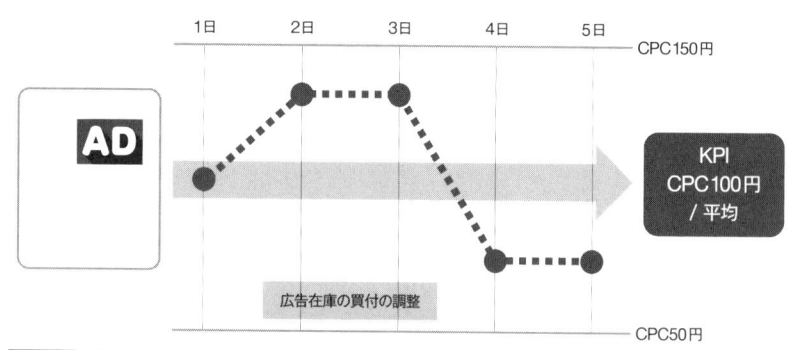

図 03-08 ディスプレイ広告の運用

一方、メディアの媒体資料に掲載された広告料金で広告枠を指定し、配信期間やインプレッション数を決めて掲載する広告を**予約型広告**、枠売り広告などといいます。

運用型広告「AdWords」の始まり

　運用型広告の代表的なものに検索連動型広告があります。そのひとつである「AdWords」を提供しているグーグルは当初、大きな広告予算を持たない企業でも手軽に始められるセルフサービスのオンライン広告としてサービスを始めました。グーグルはサービスを進化させるため、競合が採用していた入札制度を採り入れ、「広告品質」という概念を導入します。これは、入札価格だけでなく、ユーザーがクリックして、納得できる情報を得られる広告を評価し、良い表示位置を獲得できるようにするという考え方です。ユーザーの反応をデータとして確かめることができるネット広告ならではの発想です。

　『グーグル ネット覇者の真実』という本には、運用型広告の本質を端的に表した次のような一節があります。

> 　問題は、どの代理店も数カ月単位で終了する広告キャンペーンを扱うことに慣れていたことだった。通常は、ひとつのキャンペーンが終わると次のものに取りかかり、そのサイクルを年に何回か繰り返すのだ。
> 　だが、グーグルが提案していたのは、一度始めたらそのままずっと続けられるだけでなく、結果を測定し、利益が上がっている限り、再投資を繰り返せるタイプの広告だった。グーグルの担当者はそれが実現可能なことを証明できるデータをもっていた。
>
> 　　　　　　　『グーグル ネット覇者の真実』スティーブン・レヴィ著（CCCメディアハウス）より

　検索連動型広告 AdWords はその後、ベンチャー企業だったグーグルに莫大な利益をもたらし、今日に至ります。

23 アドサーバーによる広告配信

広告配信サーバーの役割と
「広告在庫」の考え方について説明します。

　広告はマス4媒体の登場によって、一度に何百万もの人々に情報を伝えることが可能になりましたが、ネット広告では、端末の数、メディアの数、広告を掲載する面の数も従来とは比べものにならないほど増大しています。そうした状況をコントロールするために、広告を配信して表示するさまざまな技術「**アドテクノロジー**」が発展してきました。

　検索連動型広告の仕組みもアドテクノロジーのひとつですが、アドテクノロジーはディスプレイ広告の取引を進化させる大きな原動力となりました。ここからは、ディスプレイ広告の配信技術の進化にフォーカスして解説します。

　最も原始的なバナー広告では、記事と広告は同じウェブサーバー（コンテンツサーバー）から配信されていました。その後、広告のデータは**アドサーバー**と呼ばれる専門のサーバーから配信されるようになります。記事はウェブサーバーから、広告はアドサーバーから配信することで、より柔軟な広告配信が可能になります。

　たとえば、ブラウザで同じウェブページをリロードすると、表示されるバナーが変わるのを見たことがあるでしょう。新聞や雑誌などと違い、ウェブメディアでは、ひとつの広告枠に複数の広告をローテーション表示することができます。

広告在庫

　雑誌の場合、表4広告（裏表紙に掲載される広告）は、その雑誌の部数が10万部なら10万枚印刷されて製本されます。一方、ネット広告では、

ユーザーがブラウザでウェブページを表示し、インプレッションが発生したときにはじめて、広告を掲載することができます。ネット広告には**広告在庫（inventory）**という言葉がありますが、それはこのインプレッションを指します。

ある広告主が、ニュースサイトのトップページにバナー広告を1日100万回表示させたいとします。Aというニュースサイトのトップページのページビューが1日平均50万PVの場合、そこに表示される広告のインプレッションは50万インプレッションになり、その要望には応えられません。一方、Bというニュースサイトのトップページは1日平均200万PVあるので、余裕をもって対応できます。このとき、Bには広告主の要望を満たすだけの広告在庫（インプレッション）があるとみなされます。

また、Bというニュースメディアは200万インプレッションのうち、100万インプレッションを広告主Aに提供し、残りは別の広告主に提供することもできます。いずれにしてもそのインプレッションはユーザーがサイトを訪れページを閲覧しないと発生しません。そのため、メディアはコンテンツづくりに注力し、一定のPVを維持することになります。

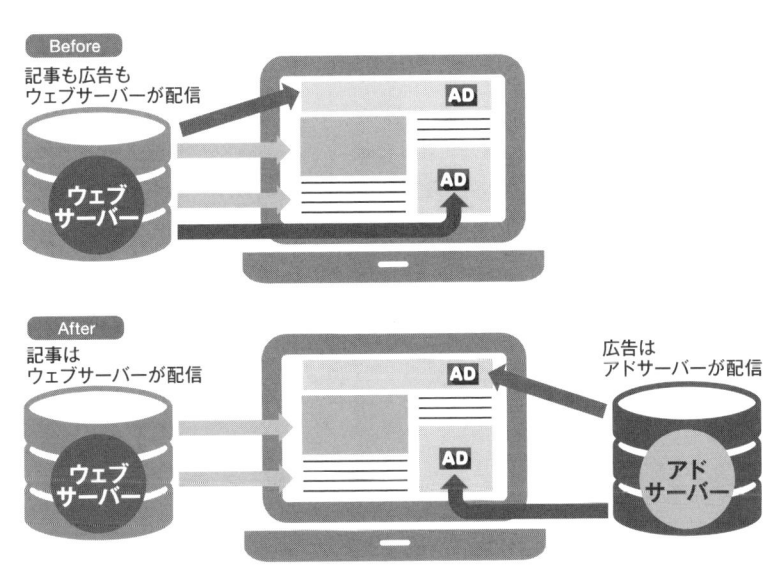

図 03-09 アドサーバーによる広告配信

第三者配信

アドサーバーからさらに進んで
包括的な広告配信の仕組みが登場します。

コンテンツと広告を別のサーバーが配信するようになったとき、アドサーバーはメディアごとに運営され、どのくらいのインプレッションやクリックがあったのかをまとめたレポートを広告主に提出していました。その場合、広告主が受け取るレポートにはそのメディアのデータだけが記載されています。複数のメディアに広告を出稿する広告キャンペーンでは、個別にレポート提出を受け、結果を分析しなければなりません。

第三者配信プラットフォームの登場

ディスプレイ広告では、そこに複数メディアの広告配信を担う「**第三者配信**」という新たな仕組みが登場します。

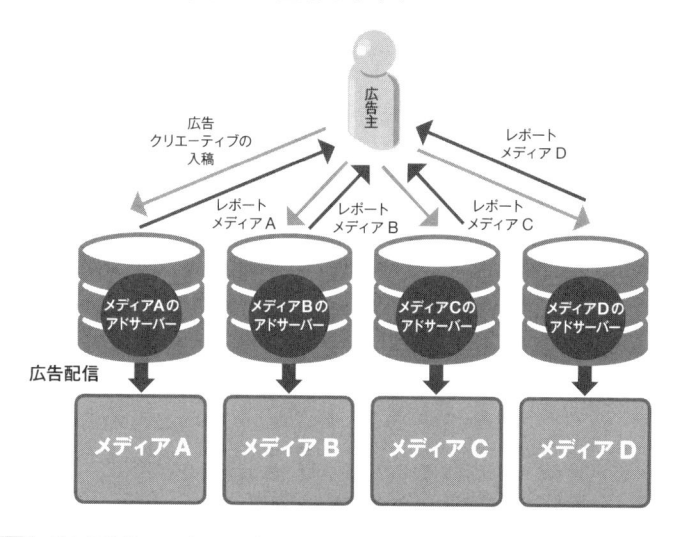

図 03-10 従来は複数のメディアに広告を入稿し、別々にレポートを受け取っていました。

第三者配信プラットフォームでは、媒体社ではない第三者が運営するアドサーバーがセントラルサーバーとなり、複数メディアに広告を配信します。各メディアのアドサーバーは、セントラルサーバーに広告配信をリクエストするタグを配信し、広告クリエーティブの配信はセントラルサーバーが行います。広告主は媒体社ごとにやりとりする必要がなくなり、配信結果を第三者配信プラットフォームからのレポートでまとめて見ることが可能になります。

　配信データを集約することによって発見もあります。たとえばAというメディアとBというメディアに広告を出稿したとき、2つのサイトのユーザーが重複していると、同じユーザーに何度も同じ広告を表示することになります。第三者配信によってそうした重複を見つけ出して調整し、より効果的な広告配信を検討することも可能です。また、複数の広告クリエーティブを展開し、キャンペーン全体でどちらのクリエーティブが効果的だったかもすぐに知ることができます。

　今日ではひとつのプラットフォームで配信可能な広告在庫は月間百億インプレッション単位の膨大なものになっています。

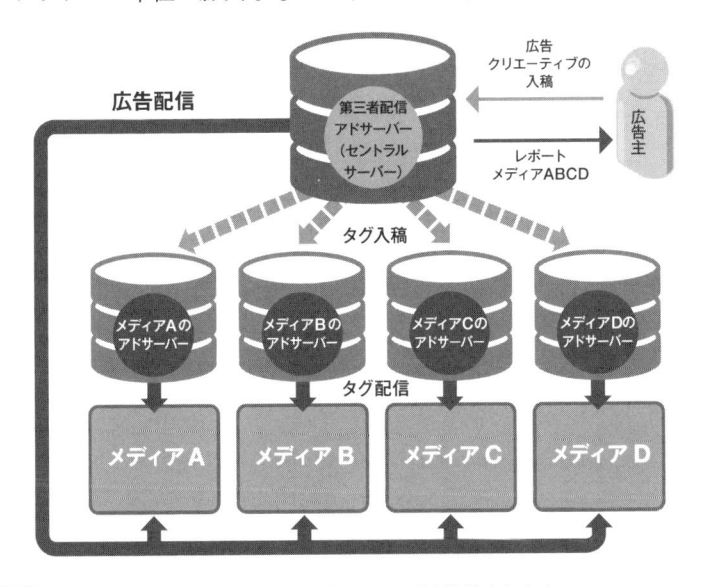

図 03-11 第三者配信によって広告配信やレポーティングが集約されます。

アドネックワークと
アドエクスチェンジ

広告枠のネットワーク化と取引の細分化を
実現する仕組みを紹介します。

アドネットワーク

　ネット広告の配信の仕組みに**アドネットワーク**があります。これは複数媒体の広告枠をネットワーク化し、広告の入稿、配信、レポーティングを一元化するサービスです。参加するメディアはアドネットワーク事業者の審査を経て、「新聞・ニュース」「金融・ビジネス」「IT」などのカテゴリに分類されます。アドネットワークは独自のアドサーバーを持っているので、広告主はメディアをまたいだ柔軟な広告配信が可能になります。また、媒体社はアドネットワークに参加することで、自社では営業できなかった広告主と取引する機会が得られます。

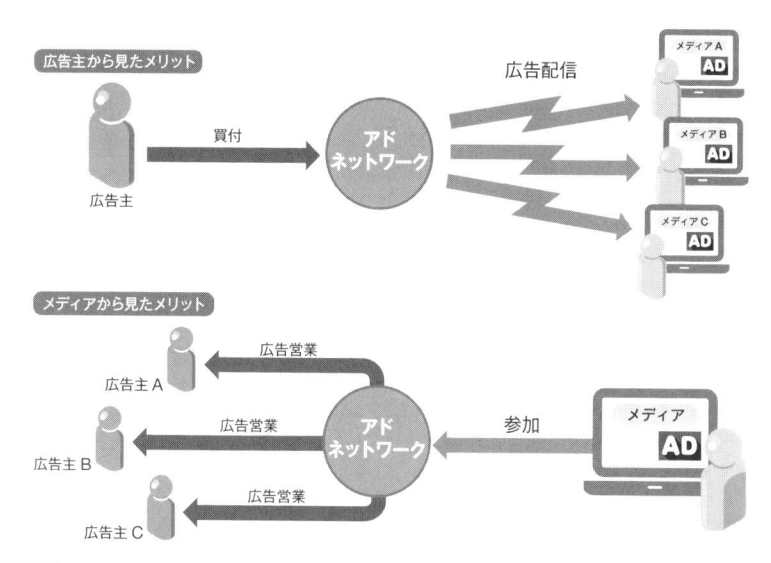

図 03-12 アドネットワークのメリット

運用面では、一元管理されたレポートはもちろん、課金形態が「クリック課金型」「インプレッション課金型」など統一されているのも利点のひとつです。

アドエクスチェンジ

　アドエクスチェンジは、複数のメディアの広告在庫を一元化してオークション（競売）による取引を可能にします。アドエクスチェンジへ在庫を提供するプレーヤーとして、媒体社、SSP 事業者、アドネットワーク事業者があります。一方で、アドエクスチェンジに提供された在庫を買い付けるプレーヤーとして DSP 事業者が存在します。

　アドエクスチェンジでは、1 インプレッション単位でリアルタイムに売買することができます。メディアが 1 日 10 万 imp 保証で広告を掲出していて、その日のインプレッションが 12 万 imp だった場合、2 万 imp の買い手がいない。そうした場合でも、その在庫がほしい買い手がいるならアドエクスチェンジで売買することができます。オープンな市場には、売り手・買い手ともに国内外からさまざまな事業者が参加します。

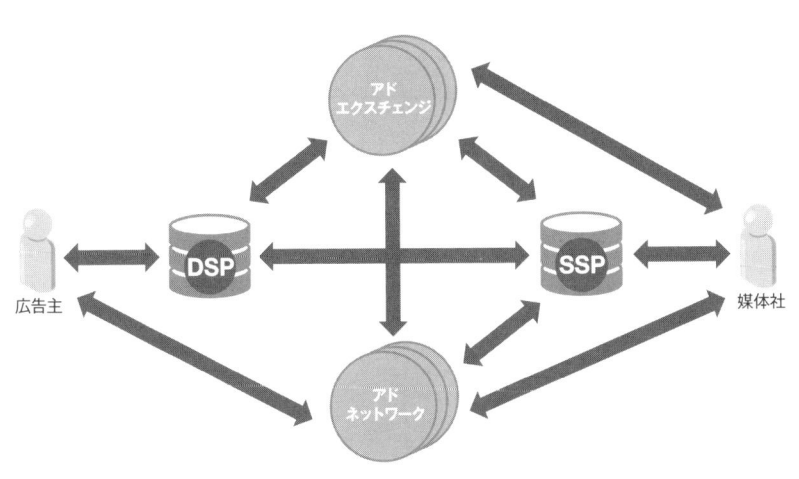

図 03-13　アドネットワークとアドエクスチェンジを含む広告取引

26 DSP と SSP

ディスプレイ広告の取引には、売り手と買い手それぞれの仕組みが用意されています。

　広告の取引には、売り手と買い手がいます。広告在庫を売るのは媒体社、広告在庫を買うのは広告主です。ここに需要（Demand）と供給（Supply）があります。ディスプレイ広告の取引では、需要側と供給側にそれぞれ専用の仕組みが用意されています。広告主や広告会社が使うのは **DSP**（Demand Side Platform）で、広告在庫の入札や広告配信のコントロールを行うことができます。

　一方メディアを運営する媒体社、パブリッシャーと呼ばれる事業者は **SSP**（Supply Side Platform）を使って広告在庫を売りに出し、より高い入札価格を提示した買い手に広告配信を許可することによって、収益を最大化します。

　DSP と SSP はそれぞれ複数のアドエクスチェンジなどに接続し、取引を行う環境を整え、リアルタイムビッディング（Real Time Bidding：**RTB**）と呼ばれる入札の仕組みを使ってオークションを行います。

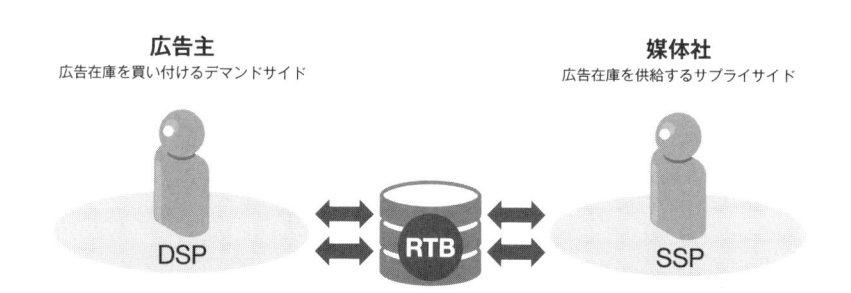

広告主
広告在庫を買い付けるデマンドサイド
DSP

媒体社
広告在庫を供給するサプライサイド
SSP

図 03-14　広告主は DSP、媒体社は SSP を使って取引を行います。

そのプロセスは複雑ですが、基本的には魚市場などで行われている競り
と同じです。ユーザーがブラウザでウェブページを表示すると、まずSSP
に対して広告のリクエストが送られます。SSPからビッドリクエスト（入
札するかの問い合わせ）がDSPに送られ、ビッドレスポンス（入札条件
を知らせる応答）が返り、最も高い入札価格を示したDSPが勝者となり、
あらためて広告のリクエストが送られて広告が配信されます。DSPとSSP
は複数参加しているので、需要側と供給側それぞれで条件を競い合うこと
になります。

　その際、在庫の詳細、価格、広告を見ているユーザーの概要までさまざ
まなデータを参考にして取引を行います。価格なら、予約型広告の単価か
ら、アドネットワークの予測単価、RTBの入札単価までを瞬時に比較し、
最も高いものを選択して配信することができます。

　広告を表示するまでに複雑な処理が必要になりますが、ネットワーク環
境やシステムの速度向上などによって、膨大な在庫に対してほぼリアルタ
イムな処理を実現しています。

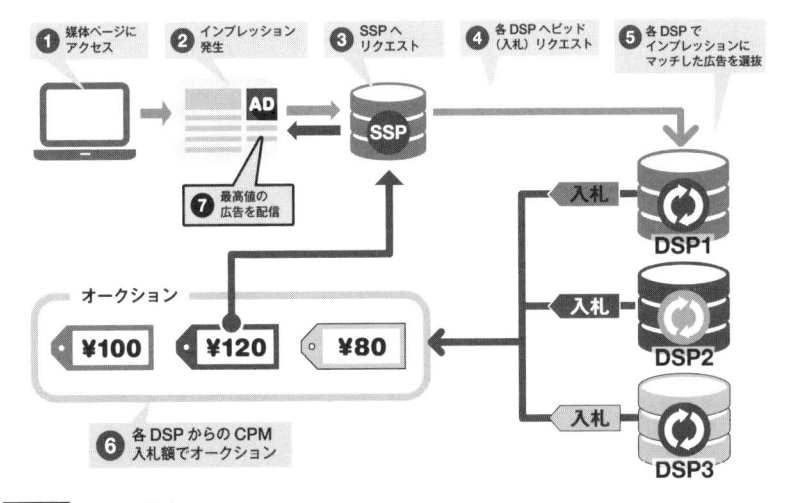

図 03-15 RTB の流れ

プログラマティックバイイング

アドテクノロジーの活用によって
広告取引にいくつかの分類が生まれました。

DSPとSSPによるリアルタイムビッディングでは一瞬で入札、応札を行い、広告在庫が落札されます。そこにあるのは、高度に自動化されたシステムで、膨大な量のデータによって駆動されています。このように、人間どうしのやりとりではなく、プログラムを使って行われる広告在庫の買付を**プログラマティックバイイング**（**Programmatic Buying**）といいます。

ディスプレイ広告の新たな取引形態を指すこの言葉が世に出たとき、定義や使い方に混乱が見られました。米国の広告業界団体IABは、プログラマティックバイイングによる取引を以下の表のように分類しています。

プログラマティックバイイングの4つの分類

1つめのAutomated Guaranteedは、あらかじめ決められた広告料金をもとに、掲載期間やインプレッションなどを保証するかたちで取引が行わ

取引分類	在庫タイプ	価格設定	参加形態	説　明
Automated Guaranteed	予約型	固定	売り手1社-買い手1社	在庫を予約し固定単価で取引する「純広告」に近い取引
Unreserved Fixed Rate	予約不可	固定	売り手1社-買い手1社	在庫は予約できないが、固定単価での取引
Invitation-Only Auction	予約不可	オークション	売り手1社-買い手複数社	招待制のオークション
Open Auction	予約不可	オークション	売り手1社-買い手全社	オープンなオークション

表03-01 IABによるプログラマティックバイイングの分類
出典：PROGRAMMATIC AND AUTOMATION - THE PUBLISHERS' PERSPECTIVE（IAB）
http://www.iab.net/media/file/IAB_Digital_Simplified_Programmatic_Sept_2013.pdf

れます。「運用型」に対して「予約型」といわれるもので、いわゆる純広告（純広）に近い位置づけになります。こうした広告商品は担当者どうしが直接やりとりをしながら販売するのが通例でしたが、海外ではシステムを通じて取引が行われるようになってきました。

Unreserved Fixed Rate は在庫数は保証しない固定単価での取引で、Invitation-Only Auction は媒体社によって招待された買い手だけが参加できるオークションです。

今日、プログラマティックバイイングというときは、4つめの Open Auction での RTB 取引が主になっています。オークションでは単価を設定せずに、入札によって価格が決まりますが、媒体社はフロアプライス（底値）を設定することもできます。

テクノロジーの進化によって、こうした取引手法は進化していますが、あくまでもプログラマティックであって、オートメーション（完全な自動化）ではない点に注意が必要です。つまり、プログラムを通じてリアルタイムに取引を行っていますが、すべてが自動化されてはいません。完全に自動化された取引を実現するには人工知能の活用など、まだハードルが高いのが現状です。

また、近年ではオープンなオークションに対して、「プライベートマーケットプレイス」「プライベートエクスチェンジ」と呼ばれる、売り手と買い手を限定した取引の場を設ける動きが国内外で広がっており、ブランドを確立した企業とメディアが中心となって取り組んでいます。

予約型広告
あらかじめ決められた条件で
取引を行う

運用型広告
オープンなオークションで
取引を行う

図 03-16 予約型広告と運用型広告

28 RTB とオーディエンスデータ

ミリ秒単位で行われる高速な取引は
広告の世界に大きな変化をもたらしました。

　リアルタイムビッディング（RTB）は、広告在庫を入札によって売買するシステムで、インプレッションが発生してから広告配信までの処理はほぼリアルタイムに行われます。その際、DSP と SSP は広告在庫の詳細や価格などの条件のほかに、いまウェブページにアクセスしているユーザーについての情報「**オーディエンスデータ（Audience Data)**」もやりとりします。そのユーザーが過去に訪れたサイト、閲覧したコンテンツ、クリックした広告などがわかれば、その広告をそのユーザーに配信するべきかを判断する材料になります。

　アドテクノロジーの進化によって可能になったこうした取引を指して「枠から人へ」と言うことがありますが、これは広告枠だけではなく、それを見ている人にフォーカスして取引を行うようになってきたという意味になります。

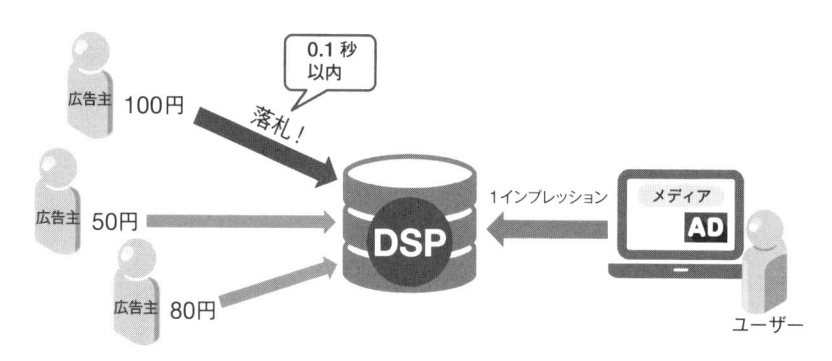

図 03-17 RTB（リアルタイムビッディング）は、ディスプレイ広告在庫に対して、複数の掲載希望者が入札競争し、リアルタイムに配信する広告を決定することを意味します。

オーディエンスデータは、ユーザーにひもづけられた、使用端末、OS、ブラウザの種類から、過去のウェブ閲覧や広告への反応履歴などによって構成されます。これらの情報はウェブページを閲覧するとブラウザに保存される、Cookie（クッキー）という小さなファイルを利用して集約されます。実際にはユーザーではなく、ブラウザに対して情報が集約されるため、それを人に見立てて利用しているといえます。

　重要なのは、そのユーザーが何を好み、何を求めているのかということで、その人の名前や住所など、個人を特定する情報ではないという点です。現在では、ウェブ閲覧などのオンラインデータだけでなく、実店舗での購買行動といったオフラインデータも組み合わせて活用するようになっています。

メディアに接触している「オーディエンス＝人」にフォーカス

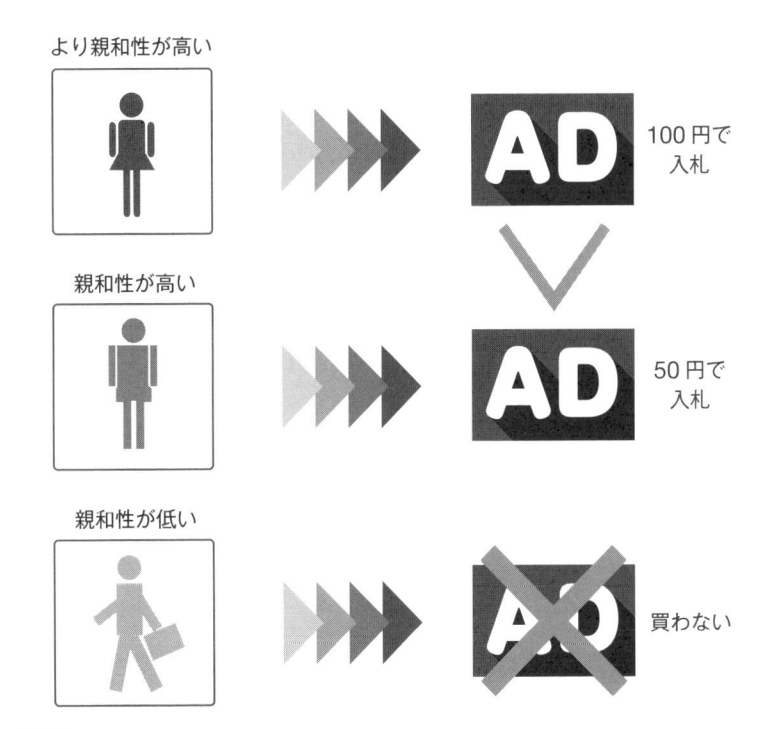

より親和性が高い

100円で入札

親和性が高い

50円で入札

親和性が低い

買わない

図 03-18 オーディエンスデータの活用

29 リスティング広告（検索連動型広告）

ネット広告を牽引する代表的なサービス 「リスティング広告」も進化を続けています。

アドテクノロジーによるネット広告の進化はディスプレイ広告だけにとどまりません。「**検索連動型広告**」「**リスティング広告**」もネット広告を牽引してきました。この2つは同じ意味で使われることもありますが、現在では検索連動型広告とコンテンツ連動型広告をまとめて「リスティング広告」と呼ぶようになってきました。これらは検索キーワードやウェブサイトのコンテンツに関連性の高い広告を表示するという特性があります。ここでは主に検索連動型広告について説明しましょう。

検索結果と広告

検索エンジンでキーワードを入力して検索すると、キーワードに関連する内容を持つウェブページのタイトルとリンク、簡単な説明文が一覧表示されます。これらは「オーガニック検索（Organic Search）」や「自然検索」と呼ばれます。これに対して、検索結果ページに表示される広告を「ペイドサーチ（Paid Search）」と呼びます。これらは検索結果ページの上部や右端など一定のスペースに表示されます。

ペイドサーチでは、自社が提供する商品やサービスと関連のあるキーワード、単語の組み合わせに対して入札を行い、ユーザーがそのキーワードやフレーズで検索したときに、関連性が高いと判断された広告が表示されます。その多くはユーザーが広告をクリックしたときに課金されるCPC方式で、広告が表示されただけでは課金されません。

検索結果に表示される広告はひとつだけではないため、より高い位置に表示されるよう、入札するキーワードの選択と広告予算の配分がポイント

になります。誰もが思い浮かべる人気の高いキーワードの入札金額は高くなりますが、人は必ずしもそうしたビッグキーワードばかりを検索するわけではありません。そこでどんなキーワードに入札するのかは、運用担当者の工夫のしどころになります。

新たなリスティング広告

　その一方で、リスティング広告にもデータを使った新たな手法が登場しています。その代表的なものが、グーグルの「商品リスト広告（Product Listing Ads）」です。商品リスト広告では、キーワードの代わりに、小売事業者の商品属性データを使って広告を表示する方法と場所が決定されます。商品名、商品ID、価格、商品写真、在庫状況、入荷予定日はもちろん、洋服なら色、素材、サイズなども登録します。これらの情報をもとに、ユーザーの検索キーワードと最も関連性の高い商品が広告スペースに表示され、広告をクリックすると通販サイトに飛び、すぐに購入することができます。

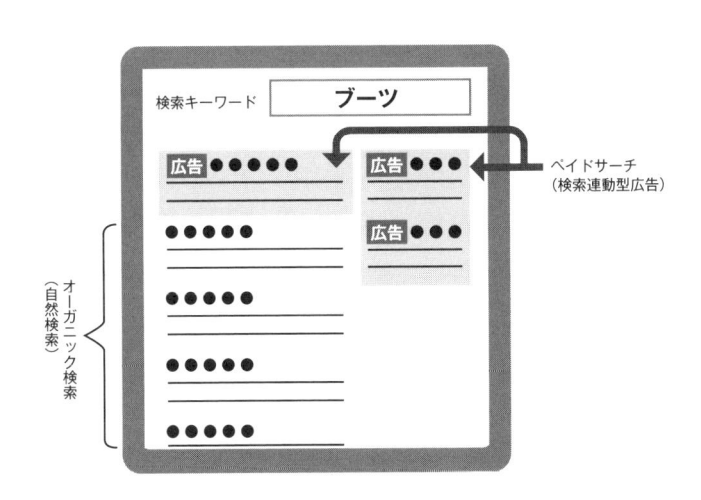

図 03-19 検索連動型広告の表示位置

30 ソーシャルメディア広告

近年ではソーシャルメディアも
多様な広告メニューを提供し、成果を上げています。

　Twitter や Facebook、Instagram などのソーシャルネットワークサービス（SNS）も、ソーシャルメディアという媒体として広告掲載面のひとつに数えられます。ソーシャルメディアの中心となる画面は**タイムライン**です。ユーザー本人の投稿だけでなく、フォローしている人の投稿もこの画面を流れていきます。

　個人的なつぶやきや友だちとのやりとりを行うソーシャルメディアは、常に持ち歩いているスマートフォンでの利用が多いのが特徴です。また、LINE のスタンプや Instagram の写真のように、ヴィジュアルなコミュニケーションが人気を集めています。

ソーシャルならではの広告形態

　スマートフォンの小さい画面とパーソナルなコミュニケーションが中心になってくると、広告のあり方も変化します。Facebook はデスクトップパソコン向けの画面では、タイムラインの横に広告枠を設けていますが、スマートフォンにはそうした枠はなく、タイムライン上にユーザーの投稿と同じようなスタイルで表示されます。ただし、ソーシャルメディアでは「おすすめの投稿」「〜によるプロモーション」という表記を入れることで、一般ユーザーの投稿とは違うことを明示しています。とはいえ、タイムラインですから、この広告も時間とともに上から下へ（あるいは下から上へ）と流れていきます。

　このように、媒体におけるユーザー体験に即したかたちで表示される広告を「ネイティブ広告」といいます。

広告ビジネスが急成長している Facebook

　スマートフォンへの最適化に注力してきた Facebook は、広告ビジネスで大きな成果を得るようになりました。2015 年 9 月時点の月間アクティブユーザー数（MAU）は 15 億 5000 万、このうちモバイルの MAU は 13 億 9000 万に達しており、およそ 9 割がモバイルからのアクセスになっています。そして、Facebook の広告収益を見ると、2015 年第 3 四半期のモバイル広告収益は広告収益の約 78％を占めています。

　こうした広告ビジネスの成長には、ソーシャルメディアが新たな広告媒体として認知されたこと、どんな人にどれだけ広告を表示したいか、そのためにどのくらいの広告予算を使うかを設定するだけで、一般ユーザーも広告を出せる手軽さも要因となっているようです。

　また、「ソーシャルグラフ」と呼ばれるユーザー間のつながり、共有による情報の伝わり方を分析できるのもソーシャルメディアの強みです。いったん投稿された広告はタイムラインを流れていきますが、ユーザーが「いいね！」を付けたり、共有することでさらに広がっていく可能性があります。

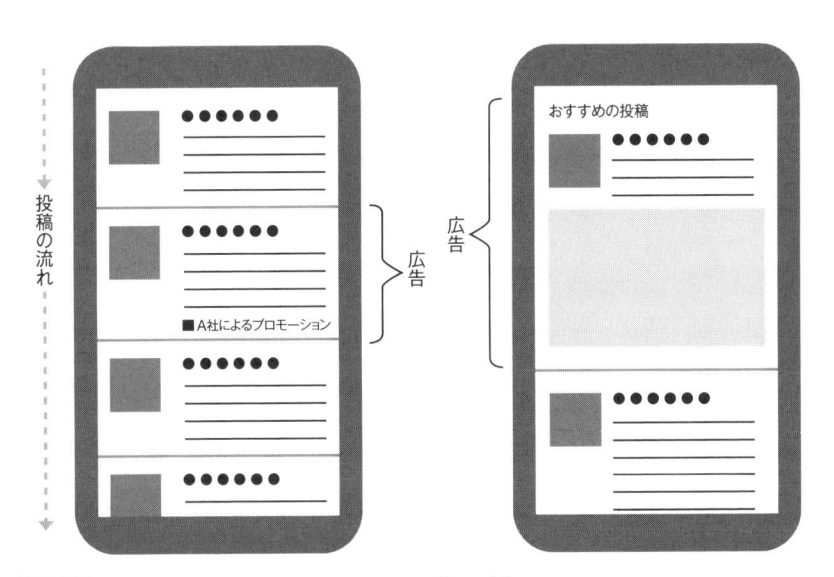

図 03-20　タイムラインに表示されるソーシャルメディア広告

31 メール広告

電子メールには、テキストメールと HTML メールの 2 つの形式があります。

　電子メールも広告媒体としてよく利用されています。企業は自社サイトで会員登録し、メール配信を許可した人に対して、新製品の情報などを提供します。メール配信を許可することを**オプトイン**（opt in）、メールの配信を停止することを**オプトアウト**（opt out）といいます。

　メールの配信では、受信する人の許可を得ていることが重要です。大量のメールアドレスを収集し、オプトインしていない人に一方的にメール配信を行うと「スパムメール」という迷惑行為になります。また、オプトアウトの手段を、必ずメールの中で示すことも大切です。

　メールは、自社の製品・サービスの情報を提供する単発のメールと、「メールマガジン」と呼ばれる定期的な情報発信の 2 つに分類することができます。前者は紙の DM（ダイレクトメール）の電子版で、メール全体が広告となります。一方メールマガジンは、雑誌のように毎回テーマを設定して

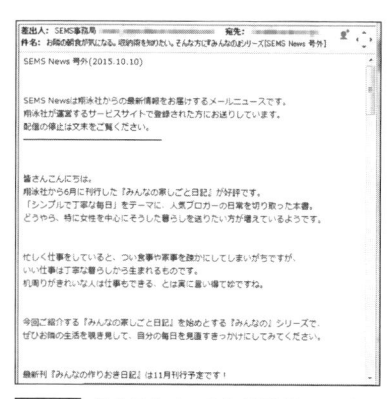

図 03-21 テキストメールと HTML メール

読み物や役立つ情報を掲載し、メールの内部に広告枠を設けて配信します。下へ行くほど注目度やクリック率が下がる傾向があるのは、ウェブページの場合と同様です。

開封率を計測できる HTML メール

　文字だけのテキストメールに対して、HTML メールはウェブページと同様に、大きな見出しを入れたり、写真を配置することができます。Gmail などのウェブメールを使っている場合は、ブラウザで HTML メールを閲覧し、メール内のリンクをクリックしてページにアクセスすることがスムーズにできます。

　メールの開封率は、テキストメールでは計測することができません。HTML メールは、閲覧時にサーバーにアクセスしてデータをリクエストします。画面上には見えない小さな透明の画像（透過 GIF）を設置しておき、その画像がリクエストされるとメールが開封されたとカウントします。配信したメールの総数でその数を割れば、開封率を出すことができます。

　しかし、ユーザーの受信トレイには、何十通、何百通もの新着メールが毎日たまっていきます。その中でメールを開いて読んでもらうには、クリックしたくなるような件名を考えるなどの工夫も必要です。

　メールの開封率を上げることは簡単ではありませんが、配信する曜日や時間を変更したり、クリエーティブの A/B テスト（コピーや画像を複数配信して結果を比較するテスト）を行って最適化したり、配信対象者を適切に絞り込むターゲティングを行うなど、さまざまな施策が可能です。

32 購買ファネルと広告

広告の効果を引き出すためには
プランニングも重要です。

　さまざまな広告媒体、広告フォーマットをバラバラに使っても思うような効果は得られません。各フォーマットの特性を踏まえて、どのタイミングでどんな広告を使うかをプランニングする必要があります。

　図 03-22 は購買ファネルの各段階とそこで使われる広告を示したものです。商品を認知した人が100％商品を買ってくれることはありません。認知から購買に至る各段階で、人数はどんどん絞られていきます。より多くの消費者にコンバージョン（購買）してもらうために、広告を通して消費者に働きかけていきます。

　ファネルの各段階で期待される成果は異なります。広告キャンペーンを

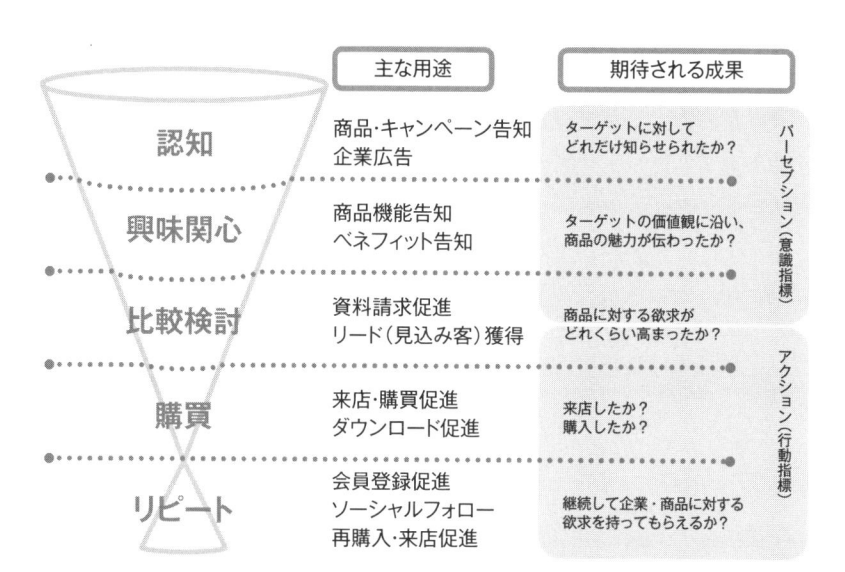

図 03-22 購買ファネルに見る広告の利用シーン

設計する際には成果を具体的な指標を通して把握し、予算を設定します（図03-23）。認知を得るフェーズではリーチ効率、広告認知効率を知る必要があり、そのための指標が「リーチ単価」「広告認知率」「純粋想起率」になります。

　この図では縦軸がリーチ、横軸がCPA（顧客獲得単価）になっています。潜在客が広告を見て商品に興味を持ち、無料サンプルの申し込みをすると、リードを1件獲得します。リード（lead）は「きっかけ」という意味で、資料請求の際に入力する氏名や住所などを指します。サンプルを発送し、気に入れば最終的に商品を購入し、その会社の顧客となります。

　最初の認知獲得で何百万もの人にリーチしたい商品もあるでしょう。その場合、1リーチの単価が適切な範囲に収まらなければ、その段階で広告予算が尽きてしまう可能性があります。また、成果を得るためのコストは購買フェーズに近づくほど高くなっていきます。

　購買ファネルの下には逆向きのファネルがあります。ここでは、商品購入後もリピーターとなってもらい、顧客1人あたりのLTV（Life Time Value）を高めていくための施策を展開していくことになります。

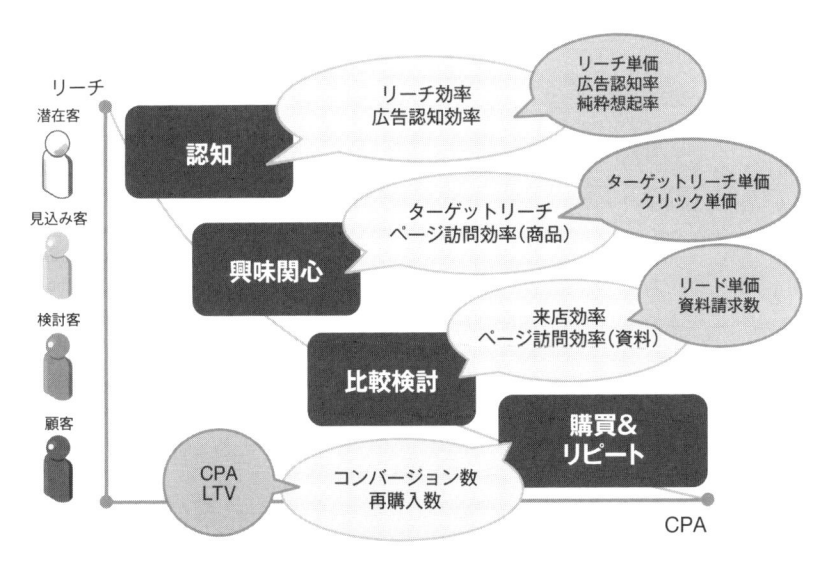

図 03-23 各フェーズと指標イメージ

33 広告キャンペーンのプランニング

選んだ媒体に適切な予算を割り振り
プランを具体化していきます。

　広告キャンペーンの目的が認知なのか、購買やリピートなのか。プランの大枠が決まったら、どんな媒体にどんなフォーマットで、どのくらいの期間広告を出稿するかを検討します。

　リスティング広告やディスプレイ広告など、フォーマットによって強みは異なります。広範なリーチが目的なのか、広告から最短でコンバージョンを得るダイレクトレスポンスが目的なのかを踏まえて、適切なフォーマットを選択し、具体化していきます（図03-24）。

　たとえば、F2層（35〜49歳の女性）に美白化粧品への興味・関心を持ってもらうことが目的なら、図03-25のようなプランも効果がありそうです（年代や性別による区分は表03-02を参照）。

アトリビューション分析

　ターゲット層に対して、複数の広告フォーマットを使ってアプローチしていく中では予算配分も重要です。かつては購買が目的の場合、購買に直結した（直前にクリックされた）広告が最も貢献度が高いとされてきました。購入の直前にクリックされた（ラストクリック）広告の多くがリスティング広告だった場合、そこに大きな予算を配分するという考え方もありますが、現在ではラストクリックのみならず、購入に至ったユーザーが接触したそれぞれの広告の貢献度を知るための**アトリビューション分析**も行われています。

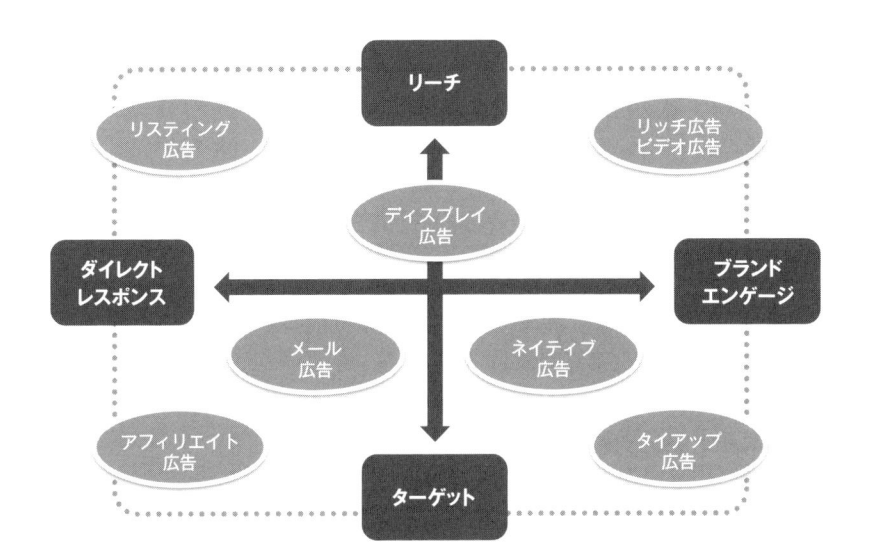

図 03-24 広告フォーマット別の強み

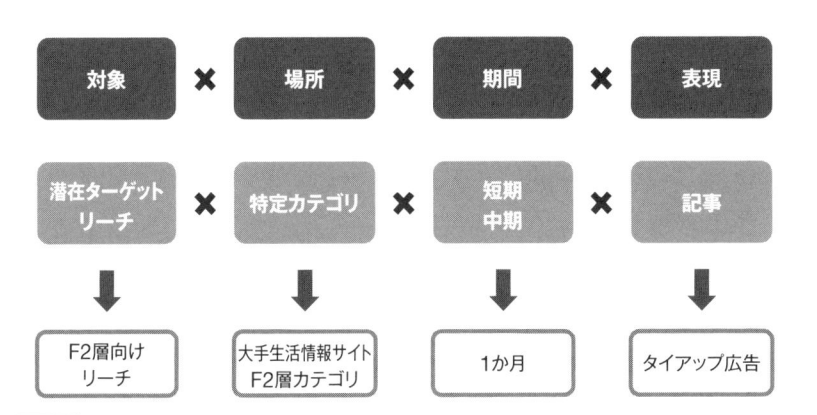

図 03-25 興味・関心を目的とした広告プラン

C 層	12 歳以下の男女		
T 層	13 ～ 19 歳の男女		
F1 層	20 ～ 34 歳の女性	M1 層	20 ～ 34 歳の男性
F2 層	35 ～ 49 歳の女性	M2 層	35 ～ 49 歳の男性
F3 層	50 歳以上の女性	M3 層	50 歳以上の男性

※ C は Child、T は Teenager、F は Female、M は Male の略。

表 03-02 年齢と性別による区分

34 広告出稿のフローとプレーヤー

プランが決まってから、広告が
表示されるまでの流れを見ておきましょう。

　広告のプランを立てるとき、社内で設計し、そのまま出稿まで行う場合と、広告会社や外部のパートナーと組んで設計したり、運用を任せる場合があります。後者は大枠が決まったところで複数の広告会社にオリエンテーションを行い、具体的な施策やクリエーティブ、予算を提案してもらい、依頼する会社を決めます。最終的なプランが決まったら、広告主は媒体社に広告掲載の申し込みをしますが、媒体社はそれを受けて主に以下の点を審査します。

- 企業…（例）取引先としてふさわしい企業か。
- 訴求内容…（例）暴力・賭博などに関するものは不可など。
- 広告表現…（例）消費者に誤解を与える表現になっていないか。

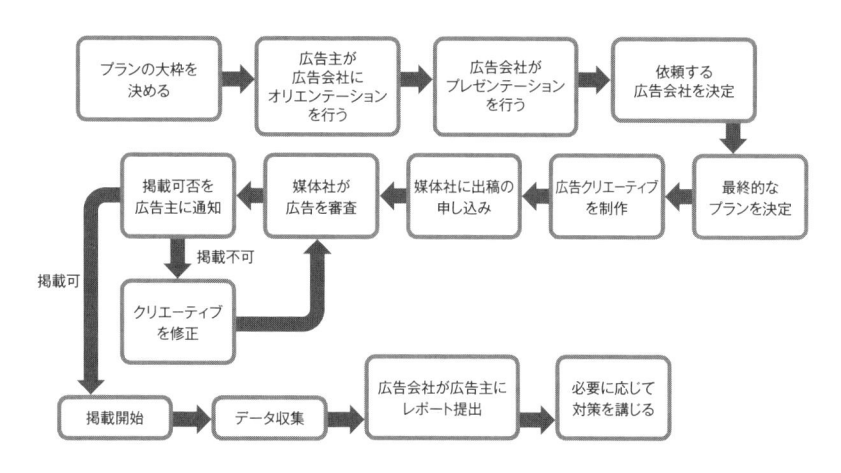

図 03-26 広告出稿までの流れ

審査の結果、問題があれば広告主は広告表現の差し替えなどの対応を行い、掲載可能と判断されれば広告出稿へと進みます。広告表現についてはさまざまな法律に規定があるので、広告主、媒体側双方がそれらを踏まえたうえで対応する必要があります。

　ネット広告の出稿に関わるプレーヤーは図03-27のようになります。広告主と媒体社の間に広告会社だけでなく**メディアレップ**（Media Representative）と呼ばれるプレーヤーも入り、従来の広告会社では対応の難しい広告配信や広告商品の開発などを担います。

　運用型広告の場合、利用する広告サービスの仕組みや特徴を理解し、ツールの管理画面で配信や予算の設定にまで落とし込めるスキルが必要になります。また、予定通りの成果が上がっているか、そうでないならどんな手を打つべきかも検討しなければなりません。そうした機能はトレーディングデスクという組織が担います。

　そのほかにも、クリエーティブの制作会社、アドネットワークやアドエクスチェンジなどの配信会社、ウェブ視聴率を調査する会社も加わります。

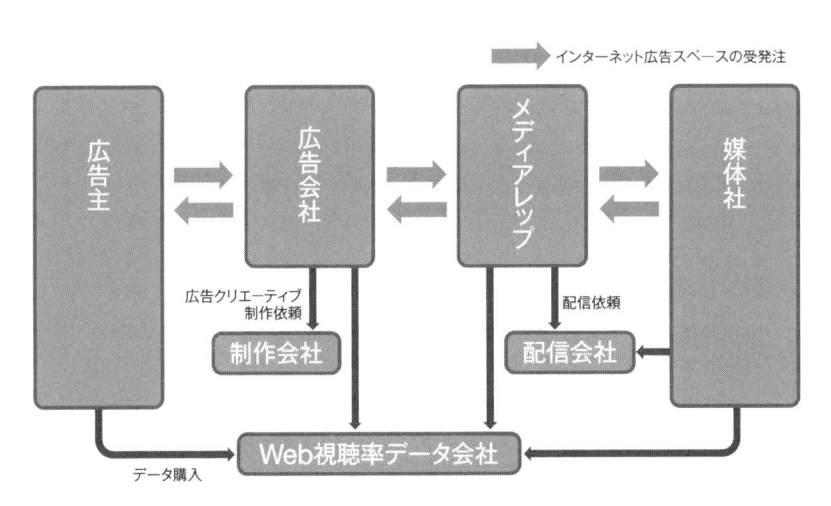

図 03-27 ネット広告における関連するプレーヤーと基本的な受発注の流れ
出典：「インターネット広告の基本実務」2015 年度版（日本インタラクティブ広告協会）

35 広告の投資対効果と CMO

広告の貢献度を
ビジネス全体からとらえる指標もあります。

　CPC や CTR といった指標のほかに、ビジネスに広告がどのように貢献したのかを表す指標もあります。

ROI と ROAS

　ROI は「Return On Investment」の略で、投資からどれだけ利益を生み出したかを表します。売上から費用を引いたものを利益として、それをさらに費用で割ったもので、投資収益率、投資利益率ともいいます。

　売上が 1000 万円で、費用が 400 万円の場合、600 万円が利益になります。それを費用（400 万円）で割って 100 を掛けると、投資した 1 円で 1.5 円の利益をあげたことになり、ROI は 150％となります。

　ROAS は「Return On Ad Spend」の略で、特に広告の費用対効果を表すときに使います。Return は戻ってくること、広告に投資した額がどのように大きくなって（あるいは少なくなって）戻ってくるかで投資効率がわかります。

　ROAS は特定の広告から発生した売上を、投下した広告費で割って 100 を掛けて算出します。広告費が 50 万円で売上が 200 万円あった場合、広告費 1 円あたりで 4 円の売上があったことになり、ROAS は 400％となります。

CMO の役割

　こうした大きな視点から広告投資を行い、全社のマーケティングを統括するポジションを **CMO**（Chief Marketing Officer）といいます。欧米では CMO を置いている企業が多く、非常に大きな権限を与えられています。

CMO が置かれるようになった背景には、時代とともにマーケティングがカバーする領域が変化、拡張している点があげられます。マーケティング部門は広告・宣伝活動だけでなく、ブランド戦略も含めて、デジタル化に対応しなければなりません。広告キャンペーンではデータを収集・分析し、PDCA をまわす必要があります。DSP や SSP といったネット広告配信ツール、データ戦略の要になる DMP などを導入する際には、どのようなシステムが自社に適しているのかを判断して投資を行います。昨今、小売業界で注目を集めるオムニチャネルでは、顧客管理、在庫管理、物流、決済なども含めてシステムを改革する必要があります。

　新たなテクノロジーやサービスが次々登場する中で、常に最新動向をキャッチアップし、マーケティング部門を率いて効果的な広告予算の配分を行うために、CMO には高いスキルと経験、判断力が求められます。

　一方、CMO の在任期間は 2 〜 3 年ともいわれています。結果を出せなければその職を辞さなければなりません。また、有能な CMO は多くの企業から声がかかることになります。

　日本では CMO を置いている企業はまだ少ない状況です。CMO のような大きな決定権を持つポジションが組織になじまない、宣伝部と営業部といった従来の組織構造を変革することが難しいといった点が要因とされています。しかし、ネット広告をはじめとしたデジタルマーケティングを実践するには、組織改革の必要性は今後ますます大きくなっていくでしょう。

$$\text{ROI} = \frac{\text{売上 1000万円} - \text{費用 400万円}}{\text{費用 400万円}} \times 100 = 150\%$$

$$\text{ROAS} = \frac{\text{売上 200万円}}{\text{広告費 50万円}} \times 100 = 400\%$$

図 03-28 ROI と ROAS の計算式

複雑化する業界地図

　メッセージを伝えたい「広告主」がいて、それを受け取る「消費者」がいて、広告の役割はその2者をつなげることです。しかし現在では、ディスプレイ広告の取引は複雑化し、広告主から消費者にメッセージが届くまでに、多くの事業者が関わるようになってきました。

　広告配信だけでなく、さまざまなサービスを提供する事業者が存在し、複雑化する業界地図は「カオスマップ」と呼ばれています。こうした図では、左端に広告主、右端に消費者を置き、その間にさまざまな会社のロゴマークが配置されます。その数は年を追うごとに増える一方で、まさにカオスのような状態になっています。

　カオスマップには、アドサーバーやウェブ解析ツールといった従来のカテゴリのほかに、新たなカテゴリも次々と登場しています。広告を配信してサイトへの再訪問をうながす「リターゲティング」、広告が適切なサイトの適切な場所に掲載されているかを検証するサービス「アドベリフィケーション」などもあります。

　データまわりでは、データを蓄積して活用するためのDMP（データマネジメントプラットフォーム）も欠かせません。データの活用が進んでいる米国では、さまざまなデータを集約する「データアグリゲーター」やデータを供給する「データサプライヤー」というカテゴリもあります。

　今後はここに人工知能を使ったサービスが加わることになるのかもしれません。ネット広告の進化とともに、カオスマップに新たなプレーヤーが登場することになるでしょう。

Chapter 04

ネット広告を支えるウェブ技術

基本的な通信の仕組みのほか、Cookie、モバイルアプリ
の種類、ディープリンクについても紹介します。

36 ウェブページを表示する仕組み

ネット広告を理解するために
ウェブの基本的な仕組みを説明します。

　パソコンやスマートフォンで閲覧するウェブページは、ある手順にしたがってデータのやりとりが行われます。たとえば、ユーザーがブラウザを立ち上げ、出版社のサイトで書籍のページを開いたとしましょう。そのとき図04-01のようにブラウザにURLが表示されます。URLはウェブページの住所のようなものです。先頭に「http」とあるのは、HTTP（HyperText Transfer Protocol）というプロトコル（手順）を使ってデータをやりとりしているという意味です。

　ウェブサイトはトップページを頂点としたツリー状の階層構造でコンテンツを管理しています。トップページの下に「書籍」「お知らせ」といったカテゴリがあり、該当するコンテンツがまとめられます。「このページが見たい」というユーザーの指示（リクエスト）に応えて、ウェブサーバー

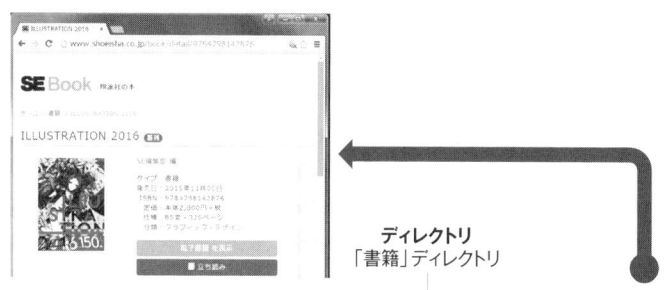

ディレクトリ
「書籍」ディレクトリ

http://www.shoeisha.co.jp/book/detail/9784798142876

プロトコル	翔泳社のウェブ	サブディレクトリ	書籍のID
プロトコルは HTTP	サーバー	「書籍の詳細情報」の ディレクトリ	書籍のISBN番号

図 04-01　URLの例。ディレクトリはサーバー上のデータを保存する区画です。

がテキストや画像などのデータをブラウザに送ります（レスポンス）。

　HTTPはシンプルなプロトコルですが、適切な通信を保持するために、データを送りながらさまざまな情報をやりとりしています。その内容はサーバーに「ログ」というかたちで記録されます。ユーザーからのリクエストが正しく処理されず、エラーが発生した場合、サーバーはその状態を表す番号を記録します。こうしたログをもとに、ウェブサイトが正しく機能しているかをチェックすることができます。

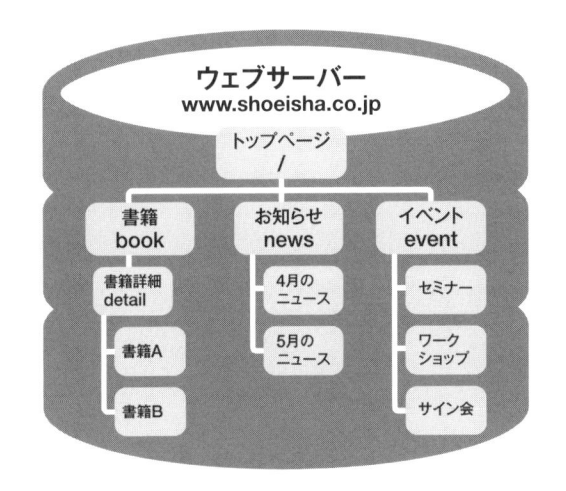

図 04-02 ウェブコンテンツの階層構造

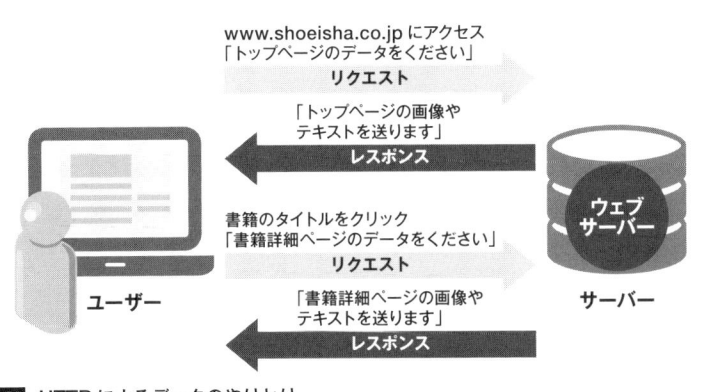

図 04-03 HTTP によるデータのやりとり

ウェブページを記述する HTML

ウェブページを作成するときには 3 つの道具を使います。

HTML ファイルの構造

　ウェブページとしての体裁を整え機能を与えるには、HTML（Hyper Text Markup Language）というページ記述言語を使います。HTML は一対のタグを使って、文章やリンクなどの見た目や役割を指定します。これによって、どこが見出しでどこが本文なのかといった文書構造をブラウザに伝え、文字に色を付けたり、箇条書きや表などを表示することができます。

　図 04-04 の右側はリンクの例です。<p> 〜 </p> というタグが全体を囲んでいます。これは「paragraph（段落）」を示すタグです。また、文章の一部に別のページへのリンクを記述しています。リンクは <a> 〜 </a> というタグを使って URL を指定します。

HTML ファイルの構造

```
<!DOCTYPE html>
<html>
HTML であるということを宣言

<head>
キーワードなどのメタ情報やタイトルを指定する
</head>
<title>
ページのタイトルを指定。
タイトルバーやお気に入りのサイト名に表示される
</title>
<body>
本文を記述する。
ここに記述した文字や画像がブラウザに表示される
</body>
</html>
```

リンクの記述例

```
<p>MarkeZine の詳細は <a href=http://markezine.jp/
target="_blank"> こちら </a> から。</p>
```

ブラウザでの表示

MarkeZineの詳細は<u>こちら</u>から。

※<html> 〜 </html> のように一組のタグを使うのが基本ですが、
<!DOCTYPE html> を記述するのは先頭の 1 か所だけです。

図 04-04 HTML ファイルの構造とリンクの記述例

CSS、JavaScript、HTML5

ウェブが進化するにつれて、HTMLだけでは実現できない機能が出てきます。それを補う周辺技術や仕組みのひとつに **CSS**（Cascading Style Sheet）があります。文章や写真などコンテンツそのものはHTMLが、色やレイアウトなどデザインに関わることはCSSの「スタイルシート」に記述することで、両者を分離します。スタイルシートというデザインのひな形を使うことで、表現の自由度が上がり、見た目の統一もやりやすくなり、効率的なコンテンツ管理が可能になります。

JavaScript はウェブページにさまざまな機能を与えることができるスクリプト言語です。マウスの動きを検知して画像の表示を変えたり、フォームで正しくメールアドレスが入力されているかをチェックするのに使われます。また、リッチ広告など動きのある表現をコントロールしたり、アドサーバーへのリクエスト送信、アクセス解析ツールへのデータ送信の実行にも使われます。

HTML自体も進化し、2014年にWorld Wide Webコンソーシアム（W3C）が **HTML5** を公開しました。HTML5では、アドオンやプラグインなどを使わずに、直接音声や動画を扱うことができます。ブラウザにファイルをドラッグ＆ドロップしたり、アニメーションを表示することも可能です。また、スマートフォンアプリ向けの機能も多数用意され、GPS、カメラ、バイブレーション、加速度センサーなどの機能を実装することが可能になっています。

JavaScript	HTML	CSS
動きや各種機能を実装	ウェブページに表示する内容を記述	色やレイアウトなどのデザインを定義

図 04-05 HTMLと周辺技術

ネット広告と JavaScript

ネット広告も、さまざまな用途で JavaScript を使います。

ブラウザで動作するプログラムを記述

　JavaScript はブラウザで動作するプログラムを記述するために使われます。たとえば、ウェブページ全体をリロードすることなく、一部だけ表示内容を変えたり、ユーザーが入力したメールアドレスが正しいかをチェックするといった便利な機能は JavaScript で記述します。また、動きのあるリッチ広告を作るときにも使います。

データ計測

　JavaScript のもうひとつの用途に、情報収集があります。図 04-06 は、アクセス解析ツール「Google アナリティクス」で使われるトラッキングコードです。トラッキング（Tracking）は追跡という意味で、計測対象サイトのウェブページに <script> ～ </script> のタグで囲んだ JavaScript のコード（符号）を埋め込むと、ウェブページが表示されたときに 1PV と

```
<script>
(function(i,s,o,g,r,a,m){i['GoogleAnalyticsObject']=r;i[r]=i[r]||function(){
(i[r].q=i[r].q||[]).push(arguments)},i[r].l=1*new Date();a=s.createElement(o),
m=s.getElementsByTagName(o)[0];a.async=1;a.src=g;m.parentNode.insertBefore(a,m)
})(window,document,'script','//www.google-analytics.com/analytics.js','ga');

ga( 'create' , 'UA-*********-1', 'auto');
ga('send', 'pageview');

</script>
```

図 04-06 Google アナリティクスのトラッキングコード

して計測することができます。こうしたコードは「タグ」とも呼ばれます。JavaScript は HTML ファイル内に記述することもできますし、別にスクリプトファイルを用意してリンクすることもできます。

　ネット広告では、媒体社のアドサーバーが第三者配信のセントラルサーバーに広告配信のリクエストを送信するときに JavaScript タグを使います。また、広告主のサイトで発生する商品購入や資料請求などのコンバージョンを計測するタグや、広告主のサイトへの再訪問を促す広告を表示するリターゲティングタグもあります。

タグ管理ツールも登場

　JavaScript はさまざまな用途に使われるため、ウェブサイトには複数のタグが埋め込まれることになります。近年では、その管理を効率化するためのツールもあります。図 04-07 はグーグルが提供しているタグマネージャの画面です。ここに表示されているサービスのロゴを選んで設定を行うと、タグマネージャが JavaScript タグを発行します。各サービスのタグの代わりにそれを埋め込むことで、複数サービスのタグを一括管理することができます。

図 04-07 Google タグマネージャの画面

アクセス解析

サイト運営者は、ページビューなどのデータを
収集するためにアクセス解析ツールを使います。

ツールを使ってサイトの状況を知る

　企業が運営するウェブサイトには目標があります。たとえば、媒体社が
インプレッション保証型の広告を受注した場合、広告在庫を確保するため
に、1日に100万PVはほしいといった具合です。ページビューをはじめ
とした指標は、アクセス解析ツールを使って計測します。

　アクセス解析ツールではページビュー以外にも、さまざまな指標を計測
できます。図04-08はGoogleアナリティクスの画面です。ページビュー

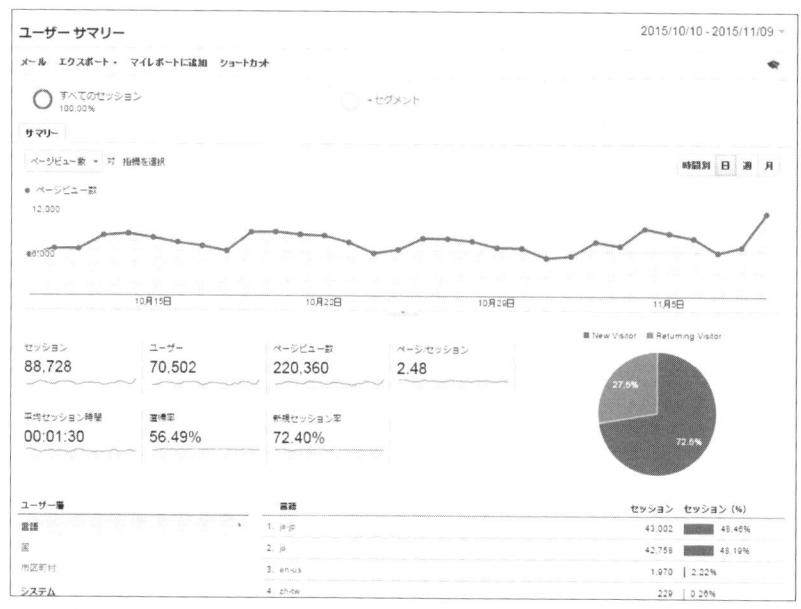

図04-08 Googleアナリティクスの画面

の推移が折れ線グラフで、新規訪問者とリピータの比率が円グラフで表示されています。そのほかにも、記事ごとのページビューや滞在時間、ユーザーが使っているブラウザの種類やスマートフォンの画面の解像度も知ることができます。

データをもとにサイトを改善

こうしたデータをもとに、さまざまな施策を考えることができます。たとえば、スマートフォンからのアクセスが多いことがわかれば、スマートフォンでも見やすいサイトに改善しようという発想が生まれます。

メールマガジンを配信している場合、メールに掲載している URL にパラメータを設定し、そのリンクをクリックしてサイトにアクセスしてきた人を計測することによって、メールマガジンからの流入がどのくらいあったかを知ることができます。こうしたデータを分析することによって、どんな記事が読まれているのかを調べたり、新規訪問者が減少しているなら、それを増やすための施策を考えるといったことが可能になります。

さらに、ユーザーごとにコンテンツを最適化するパーソナライゼーションや、おすすめ商品を表示するレコメンデーションなどにデータを活用することで、サイト上のユーザー体験を向上させることもできます。

アクセス解析ツール自体も進化を続けています。パソコンやスマートフォン、タブレットなど、一人で複数のデバイスを利用することが普通になってきた現在では、端末の違いを超えてデータを分析したいというニーズがあります。また、オンラインだけでなく、オフラインのデータを取り込んで分析することで、より包括的なユーザー行動分析も行われるようになっています。

アクセス解析ツールは、今後ますます多様なサービスと連携しながらデータ活用を支えていくことになるでしょう。

Cookie の役割

ブラウザを通じてサイト訪問者の情報を蓄積し
サービス向上に役立てることができます。

ブラウザに保存される Cookie

　HTTP というプロトコルは、データを確実にやりとりするための機能を提供しますが、サイトを訪れた人が初回訪問なのか、2回目なのかといった情報は教えてくれません。そうした情報は **Cookie（クッキー）** という仕組みを使って管理することができます。

　その仕組みはシンプルで、ウェブサーバーが、ブラウザを通じて訪問者の端末（パソコン、スマートフォン、タブレットなど）に設置する「Cookie ファイル」と呼ばれる小さなファイルによって可能になります。Cookie ファイルは、サイトにはじめてアクセスしたときにサーバーのレスポンスに含まれる指示によって生成されます。そのファイルにデータを書き込んだり、サーバーに情報を保存します。

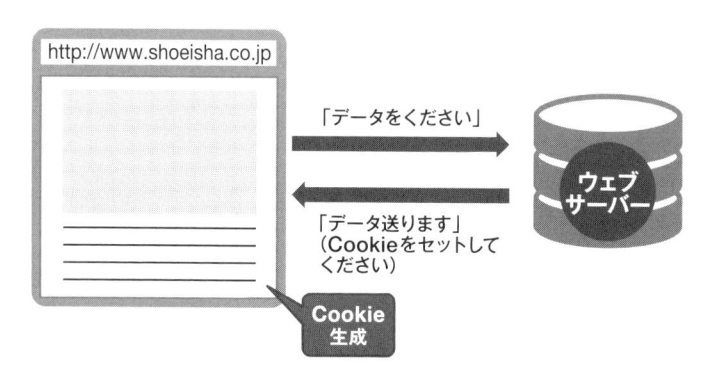

図 04-09 はじめてサイトを閲覧するときに Cookie を生成します。

Cookie ファイルはブラウザごとに生成されるので、Firefox と Chrome で同じサイトにアクセスすると別々に生成されます。図 04-10 は Firefox の Cookie 管理画面です。ユーザーはこうした画面を使って保存している Cookie を確認したり、削除することができます。ここに表示されている Cookie は、shoeisha.co.jp というサイトにアクセスしたときに発行されたものであること、名前が「_login」となっているのでログイン情報を保持していることがわかります。Cookie には、サイトの訪問回数や EC サイトのカートの ID など、さまざまな情報を保存できます。

ブラウザをユーザーに見立てる

　Cookie によってユーザーが初回訪問かどうかを判別できると説明しましたが、サーバーは「以前アクセスしてきた人と同じ人」として認識しているのではなく、「以前アクセスしてきたブラウザと同じブラウザ」として認識していることに注意が必要です。つまり、ここではブラウザを人に見立ててサービスを提供しているのであり、そのユーザー個人をサーバーが特定しているわけではありません。

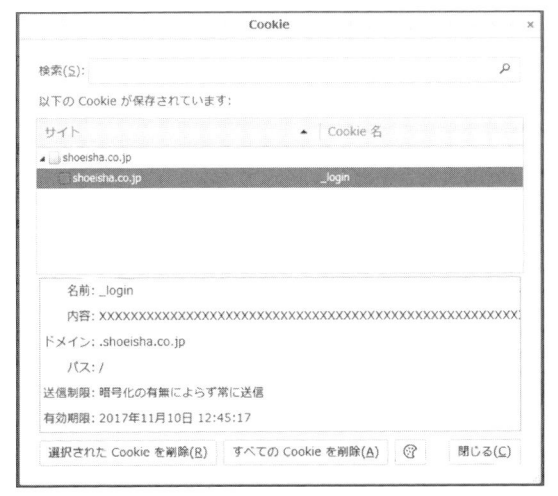

図 04-10 Firefox の Cookie 管理画面。ひとつのサイトが複数の Cookie を設置する場合もあります。

41 ネット広告と Cookie

Cookie は発行する主体によって
2 種類に分けることができます。

ひとつのサイトにアクセスすると、複数の Cookie が発行されることがあります。それらは大きく、**1st Party Cookie（ファーストパーティクッキー）** と **3rd Party Cookie（サードパーティクッキー）** に分類することができます。

1st Party Cookie

1st Party Cookie は、閲覧しているサイトのウェブサーバーから発行されます。サイトを閲覧している人は、そのサイトの Cookie が発行されることを許可している人であることが前提になるため、Cookie がブロックされてしまうことが少なく、プライバシーの観点から見てもユーザーの理解を得やすい Cookie といえます。

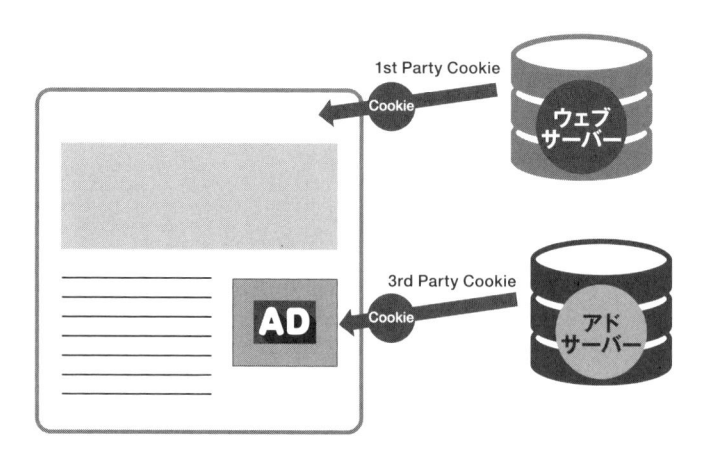

図 04-11 ひとつのサイトを訪問すると、複数のサーバーから Cookie が発行されます。

3rd Party Cookie

一方、3rd Party Cookie は、そのサイト以外の第三者、ユーザーがアクセスしているウェブサイトとは別のサーバーから発行されます。主に、サイトに表示されているネット広告の配信サーバー、アクセス解析ツール、DMP などによって発行されます。アクセス解析ツールによっては、1st Party Cookie を使うもの、1st Party と 3rd Party の両方の Cookie に対応したものがあります。

ネット広告の第三者配信では、アドサーバーは複数のサイトに広告を配信するため、サイトをまたいだユーザー行動を計測・分析することが可能になります。そのとき、Cookie を使って広告掲載面へのアクセス履歴を保持することによって、複数サイト全体で、1 人のユーザーに広告を表示する回数を制御する「フリークエンシーコントロール」も可能になります。

Cookie を代替する手段も

このように Cookie は有用な仕組みではありますが、課題もあります。Cookie が使えない OS、ブラウザ、アプリもありますし、ユーザーが無効にしている場合には利用できません。同じユーザーであってもブラウザが異なれば違う人と認識されることもあります。また、Cookie の設置についてユーザーから了承を得るための方法は、国やサイトによって異なっています。

こうした状況から、ネット広告では Cookie の代替手段の模索が行われてきました。現在、モバイルでは Cookie の代わりに、**広告 ID** という識別子が使われています。グーグルでは「AdID」、アップルでは「IDFA」があり、これも Cookie 同様にユーザーが管理することができます。

42 ユーザーに関する用語

ユーザーの数や行動を表す用語には さまざまなものがあります。

ユニークユーザー

　ある期間内に、何人のユーザーがウェブサイトを訪れたのかを表す用語があります。そのひとつ、**ユニークユーザー**（**UU**：Unique User）は、重複のない一意のユーザーという意味です。たとえば、1人のユーザーが異なる時間に1日に3回サイトを訪問しても、1人としてカウントします。UUのカウントはCookieなどを利用して行います。

　Cookieはブラウザごとに発行されるため、**ユニークブラウザ**（**UB**：Unique Browser）という用語もあります。この場合、1人のユーザーが異なる2つのブラウザで1日に1回ずつアクセスしたとき、それぞれ1UBとしてカウントされます。

　ただし、第三者配信プラットフォームでは、ブラウザを超えたユニークユーザーの計測が可能です。

> 同じ人が1日に3回サイトを訪問しても、
> UU（ユニークユーザー）は1カウント

10:00

15:00

20:00

図 04-12 ユニークユーザーの考え方

MAU と DAU

　また、ユーザー数を表す用語として、ソーシャルメディアやアプリの世界では、**MAU**（Monthly Active Users：月間アクティブユーザー数）や**DAU**（Daily Active Users：1日あたりのアクティブユーザー数）がよく使われます。アクティブユーザーは、一定期間内にサービスを利用したユーザーや、サイトにアクセスして通信を行ったユーザーの数を表します。

　これらは、サービス登録者数やアプリのダウンロード数だけではなく、そのサービスやアプリが実際に使われていることを表す指標として使われます。

　たとえばFacebookの決算発表では、サービス全体のMAUとDAUだけでなく、モバイルのMAUとDAUも発表しています。DAUは10億1000万、モバイルDAUは8億9400万（2015年9月時点）であることから、同サービスはモバイルでのアクティブユーザー数が多いことがわかります。ユーザーのモバイルシフトへの対応は、こうした指標から知ることができます。

ユーザーの行動を表す用語

　また、ユーザーの行動を表す用語もあります。ユーザーがサイトを訪れ離脱するまでの一連のアクセス行動を**セッション**といいます。このセッションにおけるユーザー行動を表す用語もあります。

　直帰率はサイトを訪れたものの1ページだけしか見られなかったセッションの割合を表します。**離脱率**は、そのページを最後にセッションが終わった割合を表します。

　また、サイトの利用時間を表す用語として**滞在時間**という言葉も使います。ユーザーがサイトに長時間滞在して、サイト内を回遊し、さまざまなコンテンツを見て回るように導線を改善したり、レコメンデーションを行うことで、ページビューなどの指標を高めることもできます。

モバイルアプリの3つの種類

モバイルアプリは、その構造によって3つの種類に分類することができます。

　App Store や Google Play などのアプリストアには、ニュース、ビジネス、ゲーム、音楽など多種多様なアプリが登録されていますが、アプリの構造で分類すると、「ネイティブアプリ」「ウェブアプリ」「ハイブリッドアプリ」の3つに分けることができます。

ネイティブアプリ

　ネイティブアプリは、Android や iOS などのプラットフォームの技術仕様にもとづいて、電話、カメラ、センサーなどの端末の機能を直接呼び出して利用することができます。開発言語は、Objective-C、Java などが用いられます。

ウェブアプリ

　ウェブアプリは、ブラウザからウェブサイトにアクセスすることで利用できるアプリです。ブラウザゲームやウェブメールなどがこれに当たります。開発には HTML5、CSS、JavaScript などが使われます。

ハイブリッドアプリ

　3つめのハイブリッドアプリは、ネイティブアプリとウェブアプリを融合させたものです。これは「WebView」というコンポーネントを組み込むことで、アプリにブラウザ機能を内包します。これによって、ウェブアプリをネイティブアプリとして提供することが可能になります。表示するコンテンツの開発は HTML5、CSS、JavaScript で行います。

3つのアプリの違い

機能や開発の面からもう少し比較してみましょう。ネイティブアプリは、デバイスの持つ機能を最大限に活かしたアプリの開発が可能です。ゲームであれば、アプリが持つエンジンを使って当たり判定や描画といった処理を高速に行うことができます。また、バックグラウンドで動作するアプリも作成できます。しかし高機能である分、開発の難易度は上がります。

ハイブリッドアプリは、ネイティブアプリほどの自由度はありませんが、端末やOSの機能を活かしたアプリを作ることができます。たとえば、バーコードスキャン機能を持ったアプリなどです。また、オンラインショップのアプリを思い浮かべるとわかりやすいですが、ウェブのコンテンツをアプリに最適化したかたちで表示することができます。

ウェブアプリはブラウザ上での動作に特化しているので、カメラなど端末が持つ機能を利用することはできませんが、ブラウザがあれば動作するという手軽さがあります。

3つのアプリのうち、App StoreやGoogle Playなどで配信できるのは、ネイティブアプリとハイブリッドアプリです。ユーザーから見るとこれらの違いに気づかないと思いますが、開発する側から見るとこうした違いがあることはおぼえておきましょう。

ネイティブアプリ　　　ハイブリッドアプリ　　　ウェブアプリ（ブラウザで動作）

図 04-13　アプリの3つの種類
「クラウドでできる HTML5 ハイブリッドアプリ開発」永井勝則 著、アシアル株式会社 監修（翔泳社）をもとに作成。

ディープリンク

ウェブページのように、アプリの画面に
移動できるリンクの手法があります。

アプリ内の画面を指定するリンク

　HTML で作られたウェブページは、リンクによってつながっています。パソコンでもスマートフォンでも、リンクをクリック（タップ）すれば、リンク先のページに移動することができます。近年、こうした移動先として、アプリ内の特定のセクションを指定することが可能になってきました。アプリの画面を移動先に指定したリンクを**ディープリンク（Deep Link）**といいます。

　多くの人がパソコン、スマートフォンなど複数の端末を利用し、さまざまなサービスを行き来するようになりました。たとえば、友だちのTwitter の投稿に Instagram の写真へのリンクが表示されることがあります。リンクをタップすると Instagram のアプリが呼び出され、友だちが投稿した写真を見ることができます。もし、スマートフォンに Instagram アプリが入っていなければ、アプリのダウンロードページへ移動することができます。

　ディープリンクはウェブページの URL と同様の構造を持っていて、アプリの特定の画面を指定します。オンラインショップのアプリなら、特定の商品の画面を開くこともできます。実際には、直接アプリを開く場合もあれば、途中でウェブページを表示して、「アプリで開く」「ダウンロード」などのアクションをユーザーが選択できる場合もあります。

アプリもウェブの一部に

　アプリは、ウェブページと同様に検索対象として扱えるようになりつつあります。Google の「App Indexing」という仕組みによって、アプリのコンテンツを Google の検索結果に表示させることができます。そのためには、コンテンツへのディープリンクがサポートされている必要があります。

　アップルでも iOS 9 の「Search API」を使うことによって、アプリの特定画面にインデックスを付けて、検索対象とすることができます。これによって、iOS デバイスの Spotlight 検索や Safari ブラウザでアプリ内の情報を検索し、検索結果に表示されたリンクをタップするとアプリを開くことができます。

　これらの仕組みによって、アプリ内のコンテンツはウェブコンテンツと同様に検索結果からアクセス可能となり、アプリのダウンロードや利用促進につなげることができます。

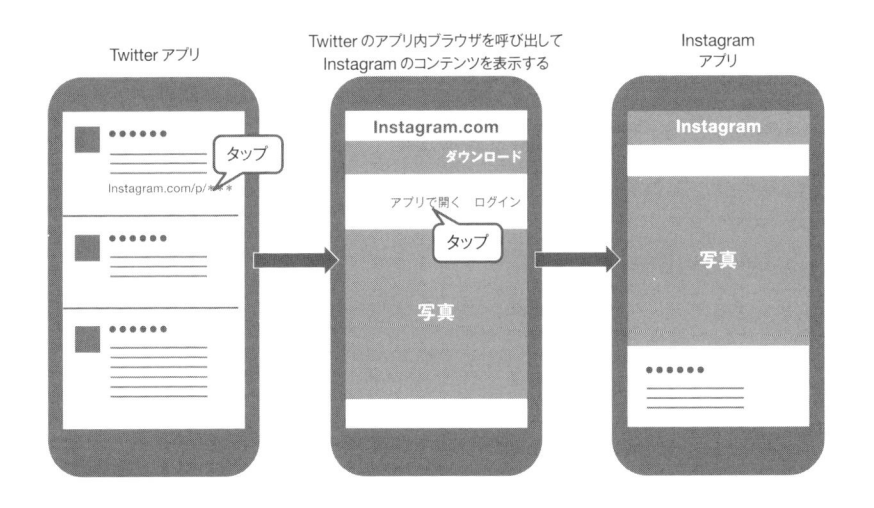

図 04-14 ディープリンクによる遷移の例

インターネットについて あらためて考えるときに読む本

「ほぼ日」として知られる「ほぼ日刊イトイ新聞」は、糸井重里氏が1997年11月に49歳でパソコンを始め、翌年6月に立ち上げたサイトです。老舗ネットメディアとして現在でも多くのファンを抱え、手帳をはじめとするオリジナル商品を販売するなど、新たな試みを行ってきました。

コピーライターとして一世を風靡していた糸井氏は、広告の世界だけでなく、作家、作詞家、テレビのコメンテーターなど、当時の文化的スターとして活躍していました。その人が、なぜ広告の世界からウェブの世界に転身したのかは、同氏の著作『インターネット的』（PHP文庫）から知ることができます。そこには、クリエイターとして、職業人として、ある種の閉塞感や危機感があったようです。

この本の中で、糸井氏は「インターネット」そのものではなく、「インターネット的」なことについて考察しています。すでに世の中にあったインターネット的なことを見つけたり、これから私たちの生活、社会、仕事、表現はどう変わっていくのかを、技術者とは違う独自の視点でとらえています。

デジタルネイティブと呼ばれる世代が社会の中心になり、インターネットやスマートフォンの存在があたりまえとなる一方で、新たな発想が生まれない……といったこともあるでしょう。一度頭の中をクリアして考える必要に迫られたとき、この本を手に取ってみてはどうでしょう。2001年に出版された本ですが、現在の私たちが、インターネットが可能にしたものや、その価値をあらためて考えるきっかけになるはずです。

Chapter 05

広告とデータ活用

企業はどのようなデータを保有しているのか。
ターゲティングなど、広告のデータ活用も解説します。

45 変化する企業のデータ活用

情報爆発時代は、膨大なデータから知見を見出すデータ活用の時代でもあります。

　情報爆発時代と呼ばれる現在、さまざまなデータがオンライン、オフライン問わず行きかっています。ニュース記事やSNSへの投稿だけでなく、人々が何気なく行っている行動からもデータが生まれています。

　オフラインでは、買物の支払いをするときにレジでPOS（Point Of Sale）データが記録されます。電車の乗降データはSuicaなどの交通系電子マネーサービスを通じて記録されます。また、金融機関の預金残高、株価などの経済情報、気温などの気象情報も記録されます。こうした記録はコンピュータがない時代から行われていましたが、現在はデータが発生する消費者との接点（コンタクトポイント）が増加し、記録内容も多岐にわたっています。

ビッグデータとスモールデータ

　こうした状況から、データ蓄積するだけでなく、整理し、分析することによってビジネスに活かそうとする動きが生まれました。たとえば、顧客ごとに最適化したOne to Oneマーケティングやリアルタイムの施策を実現するために、企業が保有しているデータが使われるようになっていきます。

　データ活用の機運が高まる中、データベースに保存された数値データから、自然言語で記述されたSNSの投稿まで、大量のデータを分析することでビジネスに役立つ知見を得る「ビッグデータ」という考え方が生まれます。データ分析の担当者は、統計解析やデータマイニングによって、どんな要素が何に影響を与えているのかを明らかにしたり、それまでカンに

頼っていた判断にデータで根拠を与えるだけでなく、ビジネスに関わる予測も行うようになってきました。

　しかし、データへの注目が高まる一方で、社内にどのようなデータがあるかも把握できていない企業が多いのが現状です。量は少なくても、ビジネスを改善するきっかけになるデータはあります。まず、実現したいことを見極め、そのためにどんなデータが必要なのかを検討する中で、今まで気付かなかったけれど、大切なデータを発見することができるかもしれません。

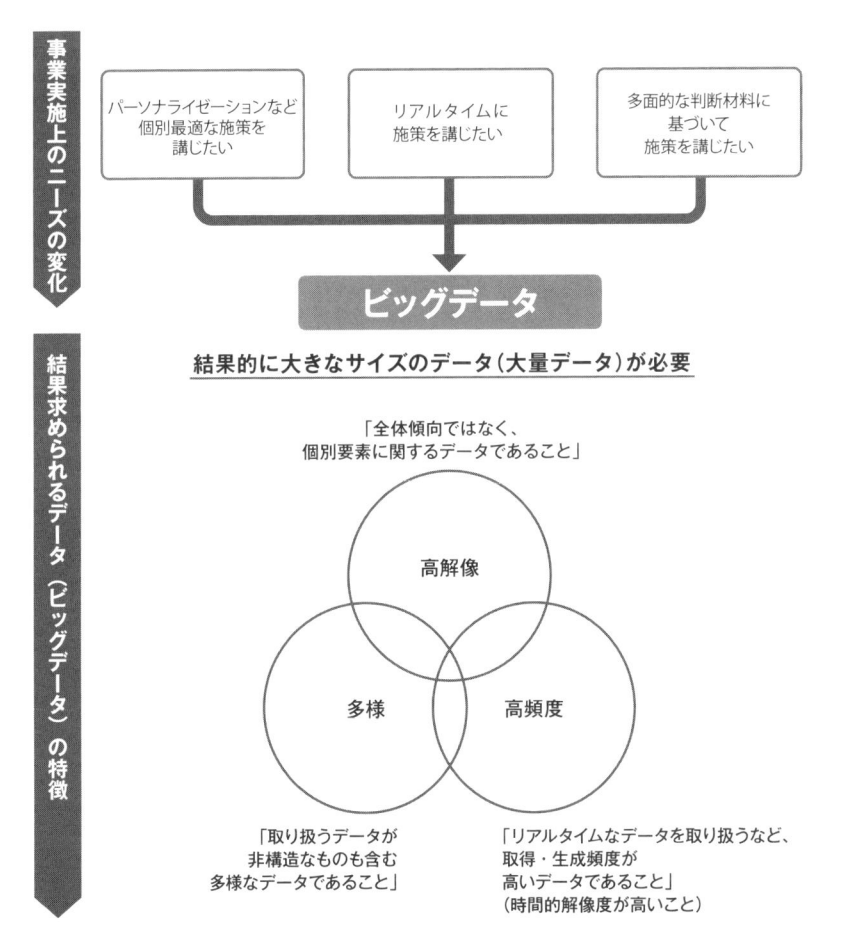

図 05-01 「ビッグデータ」の 3 つの特徴
出典：『ビッグデータビジネスの時代』鈴木良介 著（翔泳社）

46 企業が保有するデータ

企業の内部・外部に多種多様なデータが存在します。

　企業は社内外からさまざまなデータを収集し、保有しています。事業を展開する中で、商品情報、顧客情報、日々の売上、在庫状況などがデータベースに蓄積されます。このうち、顧客情報は **CRM**（Customer Relationship Management）という考え方のもと、購買履歴などを管理することで、企業と顧客の長期にわたる関係性を構築し、1 人の顧客の LTV（Life Time Value：顧客が企業にもたらす生涯価値）を高める施策のベースにもなります。

　マーケティング部門が展開する広告やプロモーション、リサーチ活動からもデータを得ることができます。ウェブサイトや EC サイトを運営している企業なら、PV 数や訪問数、サイト上のさまざまなユーザー行動を計測可能です。

　パートナーや販売代理店などの組織がある場合は日次で販売報告を受けたり、コールセンターを利用している場合は顧客とのやりとりも大切な情報です。ネット広告では、利用している第三者配信サービスからディスプレイ広告の配信結果も入手できます。ソーシャルメディアでは新商品に対してどのような反応があったのかをユーザーの投稿を検索して知ることができますし、ソーシャルメディア専門の分析サービスを提供している会社もあります。

　また、インターネットでは API（Application Programming Interface）と呼ばれる仕組みによって、異なるサービスに機能やデータを提供することが可能となっており、外部とのデータのやりとりはますます広がりを見せています。

部署ごとに分断されたデータを活かす

　社内外にバラバラに存在しているこれらのデータをビジネス視点で活かす場合、「商品」や「顧客」をキーにして整理することが必要です。しかし、社内で部署ごとにデータベースを別々に管理している場合、データを統合することは簡単なことではありません。

　多様なデータを顧客ごとに関連づけることができれば、従来の CRM やマーケティング活動の施策の精度を上げることができます。たとえば、顧客情報データベースに保存された、顧客の年代や性別、利用している店舗、過去の購買履歴やウェブサイトでの行動データを組み合わせたうえでグループ化すれば、顧客グループごとに適した広告を出し分けることも可能です。

　データはオンライン、オフラインを問わず、さまざまなコンタクトポイントで生まれます。ネット広告も重要な顧客接点のひとつです。これらの接点は、今後ますます増えていくことになるでしょう。

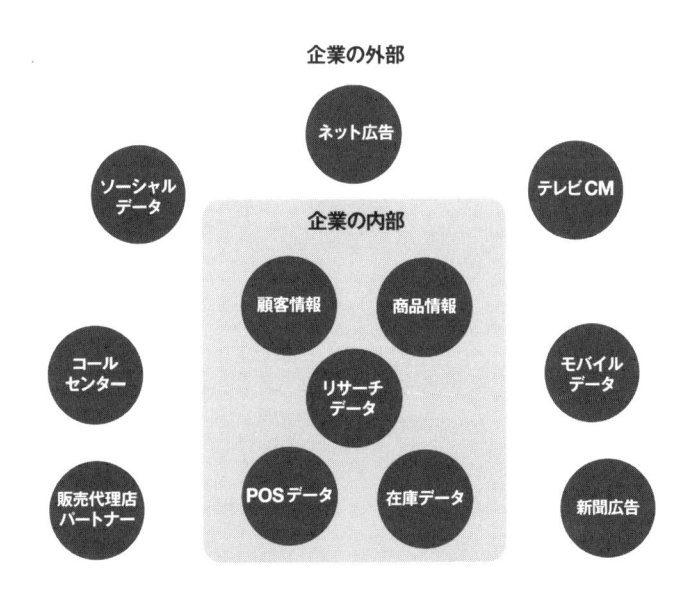

図 05-02 企業が持つさまざまなデータ

47 広告とターゲティング

ネット広告は、表示するサイトや 広告を見せる対象を指定することができます。

　広告効果をより最適化するために、対象を指定して広告を表示することを**ターゲティング**といいます。シンプルなターゲティング手法としては、特定のサイトを指定して広告を配信する**サイトターゲティング**、経済やスポーツなど、記事のカテゴリを指定する**コンテンツターゲティング**があります。

　サイトターゲティングでは、個別にサイトを指定したり、アドネットワークの特定のカテゴリに含まれるサイト群に配信することも可能です。一方、コンテンツターゲティングでは、旅行ブログの記事に航空会社の広告を配信したり、サイト内の「経済」「テクノロジー」といったコーナーごとに、関連性の高い広告を出し分けることも可能です。

ユーザーの属性データを活用したターゲティング

　データを活用したターゲティング手法としては、ウェブサイトを訪れた人の属性を指定する手法があります。その人の性別や年代など人口統計学的な属性を指定する場合は、**デモグラフィックターゲティング**といいます。

　その人がいる地域など、地理的条件を指定する場合は**ジオグラフィックターゲティング**といい、アクセス時に使用されている IP アドレスなどを利用して、国や地域、都市を指定することができます。

　その人が興味を持っている情報カテゴリを指定する場合は、**サイコグラフィックターゲティング**ともいいます。

　そのほか、パソコンやスマートフォンなどの利用端末の種類を指定して広告を配信することも可能です。

行動ターゲティング

　過去に閲覧した記事やクリックした広告、検索したキーワードなど、ネット上の行動履歴をもとに広告を配信する手法は**行動ターゲティング**といいます。現在では、オンライン、オフラインのデータを集約して、ユーザー（オーディエンス）にひもづけることができます。こうしたデータは「オーディエンスデータ」と呼ばれます。

　このサイトを訪れる人はこういう情報に興味がありそうだという仮説から、サイトターゲティングやコンテンツターゲティングを行うことができますが、オーディエンスデータを活用することで、いつ、どんなサイトを見ていても「その人」にフォーカスしたターゲティングが可能になります。こうした手法を**オーディエンスターゲティング**ともいいます。この場合、スポーツ情報サイトを見ているときに、スポーツ用品の広告が表示されるとは限りません。オーディエンスデータから、化粧品に興味を持っている人と推定された場合には、化粧品の広告が表示されることもあります。

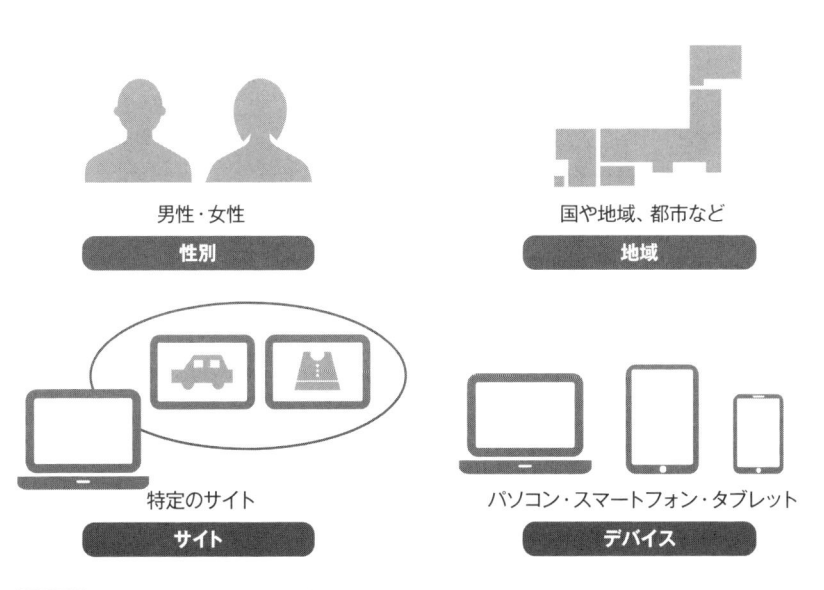

図 05-03　さまざまなターゲティング

48 リターゲティング

サイトの再訪をうながす
ターゲティング手法もあります。

　ターゲティングの手法に「リターゲティング」「リマーケティング」と呼ばれるものがあります。これは、かつてサイトを訪れたことがある人、商品をカートに入れたけれど、購入に至らなかった人に対して再訪問を促す広告を表示します。

　商品の情報を見てすぐに「購入」ボタンを押す人もいれば、ほかの商品と比較検討するために、そのときは購入せずにサイトを去る人もいます。また、「購入」ボタンを押して商品をカートに入れたけれど、決済にまで至らない「カゴ落ち」といわれる状態の人もいます。リターゲティング広告は、そうした人に商品をもう一度検討してもらうよう促すもので、主にネット通販事業者によって活用されています。

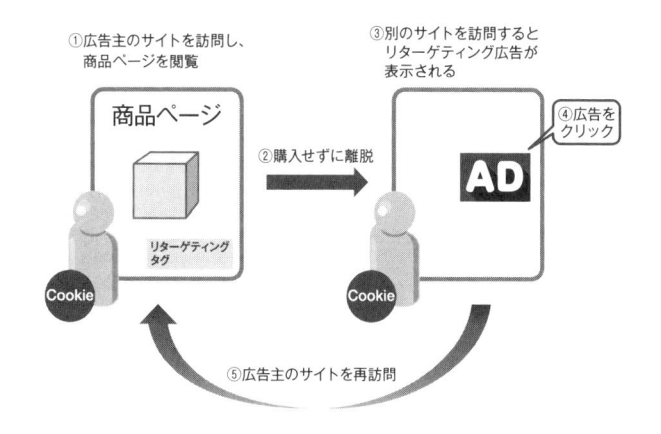

図 05-04　リターゲティング

リターゲティングの仕組み

　リターゲティングを行う場合は、まず広告主のサイトに専用のタグ（リターゲティングタグ）を設置します。さらに、サイトを訪れた人、サイト内の特定のページにアクセスした人の Cookie を使ってウェブサーバーなどが訪問履歴を管理します。それらをもとに、ユーザーが広告主のサイトを離れた後、別のサイトで再訪問を促す広告を表示します。

　誰に広告を表示するかは**リターゲティングリスト（リマーケティングリスト）**を使います。ターゲティングを行う際には複数のリストを作成し、それらを掛け合わせて広告を表示する人の条件を指定することもできます。たとえば、A という商品を見た人のリストと、B という商品を見た人のリストを作成し、A と B の両方を見た人にアプローチすることもできますし、A も B も見ていない人を指定することもできます。

　こうしたきめ細やかな配信設定によって、効果的な広告の露出を実現しているのがリターゲティング広告です。

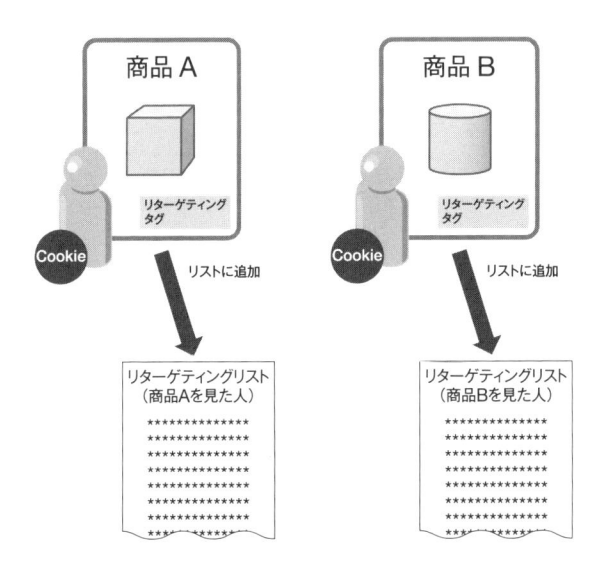

図 05-05　リターゲティングリスト

49 フリークエンシーコントロール

同じ広告をユーザーに何回見せるのか
接触頻度をコントロールすることもできます。

　ある期間、広告キャンペーンを展開すると、同じ広告を何度も目にするユーザーが出てきます。広告は一度目にしたらすぐにクリックされたり、商品が認知されるわけではありません。1週間、1か月という期間内に広告を何度か目にするうちに、クリックされたり、商品が次第に認知されていきます。

　しかし、表示しすぎても「またか」と思われたり、無視されてしまう可能性があります。そのため、1人のユーザーの広告の**接触頻度（フリークエンシー）**を制御することがあります。この手法を、**フリークエンシーコントロール**といい、表示回数の上限を**フリークエンシーキャップ**といいます。この回数は、広告キャンペーン全体で展開する複数の広告クリエーティブにまとめて設定することもできますし、広告クリエーティブごとに設定することもできます。

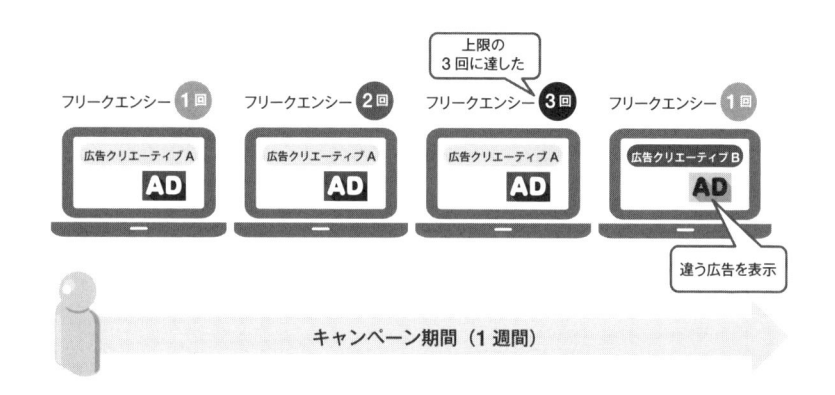

図 05-06 フリークエンシーキャップを3回に設定した場合

フリークエンシーキャップ

広告キャンペーンで接触頻度の上限を3回と設定した場合、Cookie を使って広告の接触履歴を管理し、期間内に上限の3回に達したユーザーには広告を表示しないようにすることができます。

ただし、複数のチャネルを使ったキャンペーンを展開する場合は状況が少し異なります。たとえば、サイトAとサイトBで1人のユーザーが同じ広告を見たとします。両方のサイトに同じアドネットワークから配信している場合は、広告表示は1人に2回あったとカウントされますが、サイトAはアドネットワーク、サイトBにはアドエクスチェンジが配信していた場合、1人のユーザーに対する広告露出はそれぞれ1回とカウントされる可能性があります。これでは、フリークエンシーキャップは正しく機能しません。

こうした状況は、近年、グローバルフリークエンシーコントロールという機能によって解決されつつありあます。

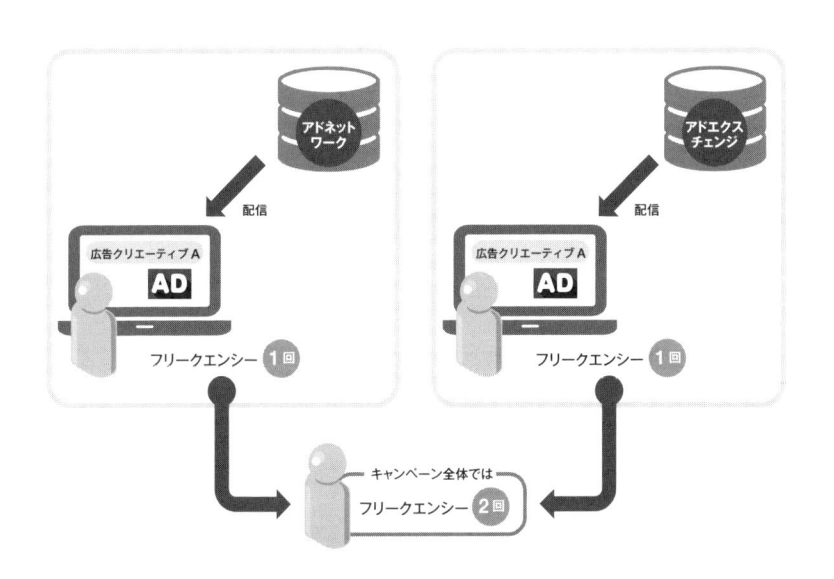

図 05-07 複数チャネルを使ったキャンペーンの場合

Cookie と
オーディエンスデータ

ターゲティングなどで使われるオーディエンスデータはどのように生成されるのでしょうか。

オーディエンスデータは、サイトを見ている人がどのような興味関心を持っているのか、どのようなサイトを訪問しているのかといったことを推定し、ユーザーにひもづけることによって形成されます。

Cookie を使ったオーディエンスデータの生成

オンラインでの行動データを集約する要になるのは Cookie です。Cookie はブラウザに保存される小さなファイルで、ユーザーのサイト訪問時に付与されます。訪問するサイトごとに異なる Cookie が発行され、それをもとにユーザーのサービス利用状況を把握することで、企業は適切なサービスを提供することができます（Cookie はブラウザに対して生成されるもので、ブラウザをユーザーに見立ててサービスを提供しています）。

ネット広告も Cookie を使って、どの広告を配信したか、どの広告をクリックしたユーザーなのかといった情報を収集しています。

これらの情報を集約すると、複数のサイトにおけるユーザー行動を把握することが可能になります。同じユーザーのものと推定された複数のCookie を集約する作業を行い、データを一定のかたちに整え、個人が特定されないよう匿名化することで、より広範囲のオーディエンスデータが生成されます。

ユーザーのプライバシーへの配慮

　ただし、広範囲に収集されたデータを統合することは、ユーザーのプライバシーを把握することにもつながります。そのため、ウェブサイトやサービスでは、利用規約に Cookie の設置、収集するデータの内容、データの利用目的などを明記し、ユーザーに公開しています。

　データ活用の動きは、オンラインだけでなく、店舗の POS データや買物やサービスを利用するたびに付与されるポイントデータなどのオフラインデータにも広がっています。

　こうしたデータを取り扱う際には、改正された個人情報保護法などの法律を踏まえて、それぞれの企業がプライバシーポリシーやデータ活用の指針を定めて適切に運用する必要があります。

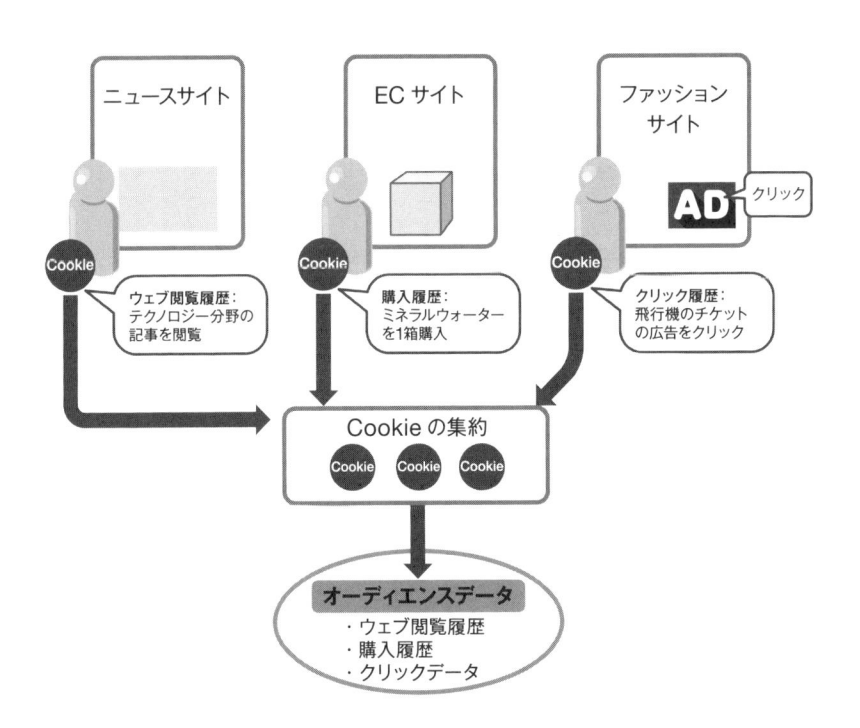

図 05-08 オーディエンスデータと Cookie

51. プライベート DMP

広告主がオーディエンスデータを活用する 基盤になるのが「プライベート DMP」です。

3 つの DMP

　オンライン、オフラインで収集されたデータをユーザーごとにまとめたオーディエンスデータを活用することによって、ユーザーインサイト（洞察）を得たり、広告施策に活用することができます。そうしたプロセスの土台となるのが、**DMP（Data Management Platform）**というシステムです。

　DMP は、誰がどのような目的で使うのかによって、プライベート DMP、パブリッシャー DMP、パブリック DMP（オープン DMP）などに分類することができます。

　主に広告主が利用するのは**プライベート DMP** で、自社の顧客に関するデータを扱います。その内容は、自社で保有するユーザーのオンライン行動データ、広告に対する反応、データベースに保管されている顧客情報や商品情報、売上データなど、タイプの異なるさまざまなデータです。そのままでは統合できないので、Cookie の集約やデータクレンジングといった作業を行い、正規化という工程を経て、DMP 上でユーザーごとに ID を振って管理します。正規化とは、データを活用しやすい形に整理することを指します。

セグメンテーションとデータ分析

　整理された情報は、主にマーケティング視点でのデータ分析、ユーザーデータのセグメンテーションに使われます。**セグメンテーション**は「分割」という意味で、ユーザーの属性や行動履歴をもとにグループ分けすること

です。オーディエンスターゲティングを行う際のターゲティングリストも、DMPを使って生成することができます。こうしたリストはメールの配信でも利用可能で、すべてのメールアドレスに同じ内容を一斉配信するのではなく、セグメントごとに適切な内容に差し替えることで効果を高めることができます。

　データを分析することによって、広告接触者や、その態度変容を明らかにすることもできます。ユーザーを興味関心などの特徴によって抽出し、グループに分けて分析することを「クラスター分析」といいます。こうした分析などから得られた知見を、サービス改善や新規顧客の獲得などに活用することができます。

　DMPを使ったマーケティングを発展させると、ユーザーごとに広告やサイトのコンテンツを最適化するパーソナライゼーションを駆使した、One to Oneマーケティングの実現も可能となります。

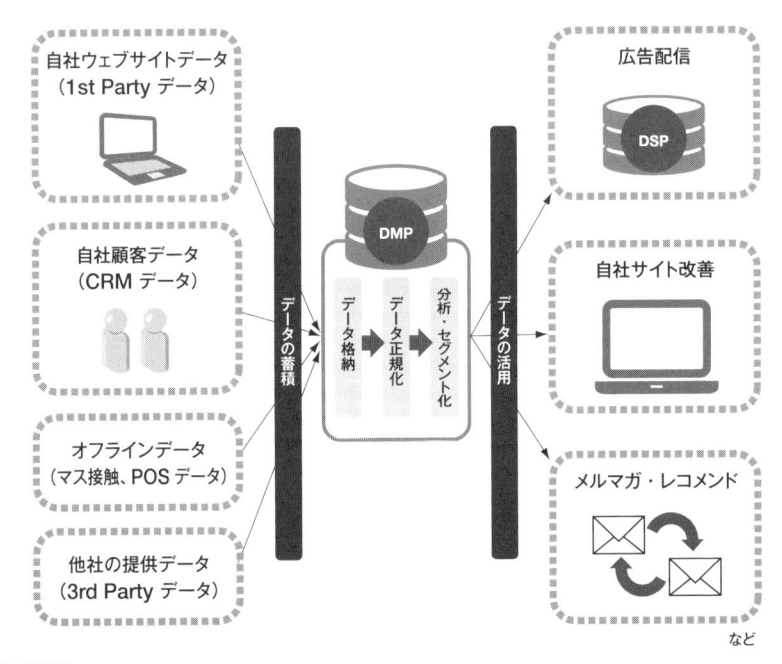

図 05-09 プライベート DMP

52 パブリッシャー DMP

媒体社も DMP を活用することによって 自社メディアの価値を高めることができます。

メディアのデータ活用

データ活用は広告主だけでなく、媒体社も取り組んでいます。規模も質も異なるメディアがひしめき合う中、ブランドを維持し、マネタイズを行うには、良質なコンテンツはもちろん、テクノロジーやデータの活用も欠かせない時代になってきました。

媒体社が利用する DMP は、**パブリッシャー DMP** と呼ばれ、プライベート DMP 同様、データの保管、正規化と呼ばれるデータの加工、分析、セグメンテーションの基盤となります。

媒体社が保有しているのは、運営するウェブサイトやアプリのユーザー行動データです。誰がどんな記事を見ているのか、オーディエンスデータを分析して、新たなコンテンツ開発に活かしたり、記事のレコメンデーションを改善することもできます。

セグメンテーションによる媒体価値の向上

パブリッシャー DMP を使って、セグメンテーションの質を高めることによって媒体価値を向上させることも可能です。

自社メディアのオーディエンスデータを分析し、セグメントを活用した広告のメニューを用意することで、広告主は目的に合ったオーディエンスを選択して広告を配信することができます。また、こういうオーディエンスに配信したいというリクエストを受けて独自のセグメンテーションを行えば、さらに付加価値を生み出すことができるでしょう。

また、会員登録を増やしたいニュースメディアが、セグメントに応じて DSP でバナー広告の配信を行い、広告クリエーティブの最適化を実施することで、登録コンバージョンを向上させた事例もあります。海外のメディアでは、社内にテクノロジーやデータ活用専門の部署を設けて、こうした取り組みを積極的に行っているところもあります。

　保有するコンテンツの価値とともに、オーディエンスの価値もマネタイズする。この 2 つに注力していくことが、これからの媒体社の課題になります。そのうえで、データ活用による間接的な収益増ではなく、データそのものから収益を得ることも可能になってきました。

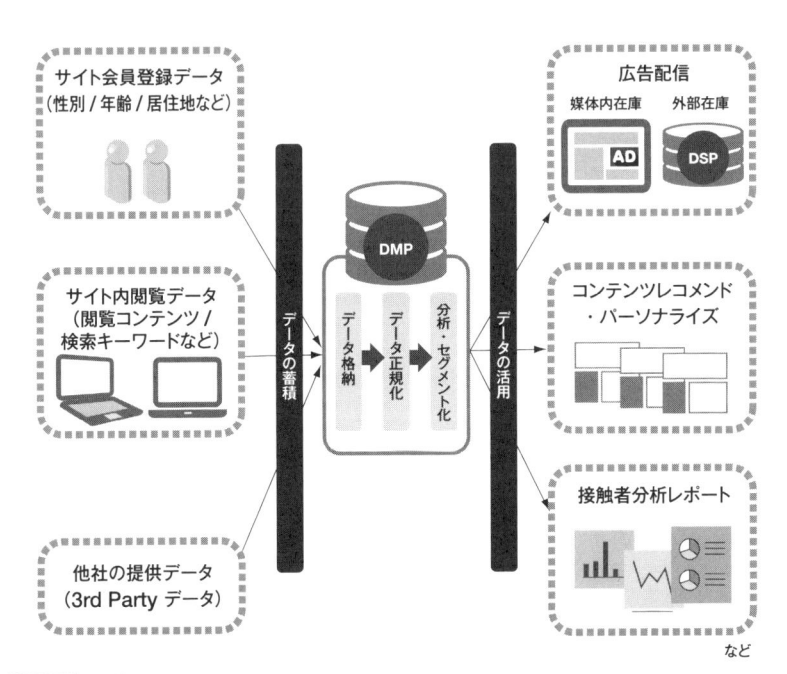

など

図 05-10 パブリッシャー DMP

53 データビジネスと パブリック DMP

海外では、オーディエンスデータを加工して 提供するビジネスも生まれています。

データビジネスの誕生

　広告主のプライベート DMP に保管されているデータは自社で収集して保有しているデータです。このデータに、第三者が持っているさまざまなデータを統合することができれば、新たな可能性が広がります。

　海外ではこうしたデータを提供するデータプロバイダー、データアグリゲーターと呼ばれる事業者が存在し、データを取引する市場が形成されています。

　これらの事業者は、プライベート DMP とは比較にならないほどの多様で大規模なデータを保有しています。政府が発表する公的なデータも含めて、さまざまな経路からデータを収集し、匿名化などの加工を行い、セグメントしたオーディエンスデータを提供します。

パブリック DMP

　DMP によっては、保有するデータを売買するための機能を持つものもあり、DMP から直接マーケットプレイスに接続して取引を行うことができます。そうした DMP を、**パブリック DMP**（またはオープン DMP）といいます。

　一方、広告主はこうしたデータを DSP の画面から購入することができます。データ事業者を選択し、カテゴリの中から目的のセグメントを選択し、そこに含まれるユーザー数や価格を確認して購入すると、そのセグメントに対して広告配信が行われます。こういう人に広告を打ちたいという広告主のニーズを、広告在庫ではなく、オーディエンスデータを購入する

ことで実現しています。

　こうした新たなデータビジネスについては、米連邦取引委員会（Federal Trade Commission：FTC）が、データ事業者9社を対象に調査・分析しています。図05-11は、データ事業者によるオンラインとオフラインのデータ収集をまとめたものです。日本ではこうしたビジネスはまだ本格化していませんが、今後は日本独自のデータビジネスが生まれる可能性もあります。

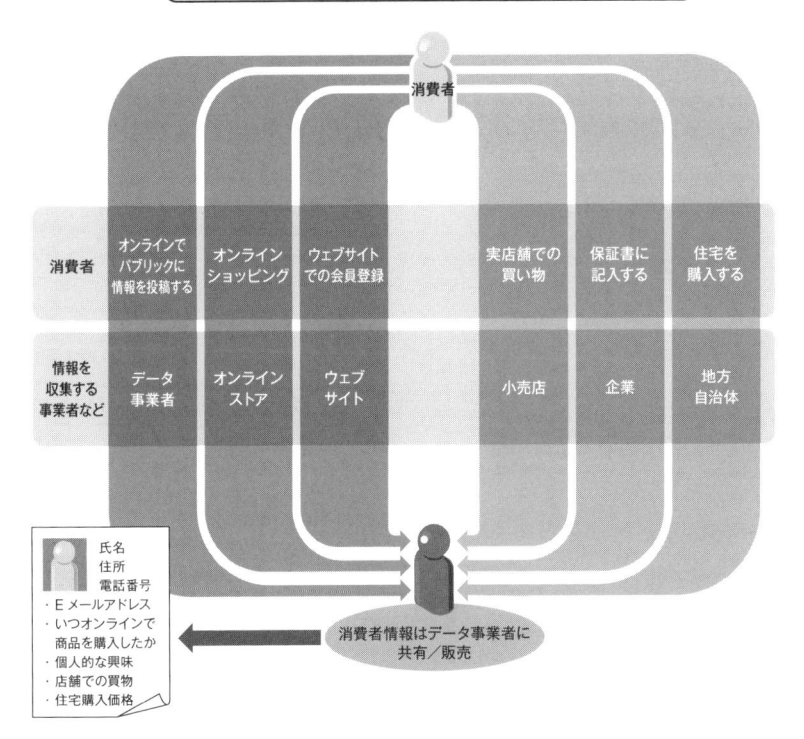

図 05-11　データ事業者によるオンラインとオフラインのデータ収集
出典：“DATA BROKERS” Federal Trade Commission
https://www.ftc.gov/system/files/documents/reports/data-brokers-call-transparency-accountability-report-federal-trade-commission-may-2014/140527databrokerreport.pdf

54 データ活用とプライバシー

広告を見たユーザーが、自分の意見を
フィードバックできる仕組みも生まれています。

　企業のデータ活用が進むにつれて、さまざまな問題が浮上するようになりました。個人情報保護法の改正は、データの利活用についての新たな枠組みを示しましたが、データを提供する消費者のプライバシーの保護、データを利用する企業の利活用のしやすさの双方を実現するための体制づくりはこれから本格化することになります。

ネット広告におけるプライバシーの取り組み

　ネット広告においては、ユーザーのオンラインでの行動データをもとにしたターゲティングが可能です。データ活用によってその精度が上がり、配信が最適化される一方で、それを見る消費者側にはさまざまな反応があります。

　サイトやコンテンツではなく、オーディエンスにターゲティングすることによって、どのサイトに行っても同じ広告を表示されるようになると、「追いかけられているようだ」と感じる場合もあります。

　こうした問題については、フリークエンシーコントロールなども含めた技術的な対応も可能ですが、少し異なるアプローチもあります。日本インタラクティブ広告協会（JIAA）は2014年から、行動ターゲティング広告に共通のアイコンを設置して、見る人が広告に関する情報を得たり、広告に対するフィードバックを送ることができる仕組みを提供しています。

　ディスプレイ広告やその周辺に表示された「JIAA インフォメーションアイコン」をクリックすると、その広告を表示している事業者・サービスの情報の取り扱いを確認したり、行動ターゲティング広告の表示を停止す

るオプトアウトを行うページへのアクセスを簡単に行えます。

　また、Twitter や Facebook のようなソーシャルメディアも独自に広告に対するフィードバックを行える仕組みを提供しています。なぜ、その広告がその人に表示されているかの理由を説明する一方で、ユーザーが広告を非表示にする場合はその理由を伝えることができます。なぜその広告を表示しないでほしいと思ったのかは、広告を配信する側にとっても重要な情報です。これらはネット広告のインタラクティビティを活かしたコミュニケーションのひとつです。

　企業は保有するデータを、ネット広告にどう活かすのか。人々の反応をどう受け止めるのかまで含めて、広告によるコミュニケーションという観点から、考えなければならないことは多いといえそうです。

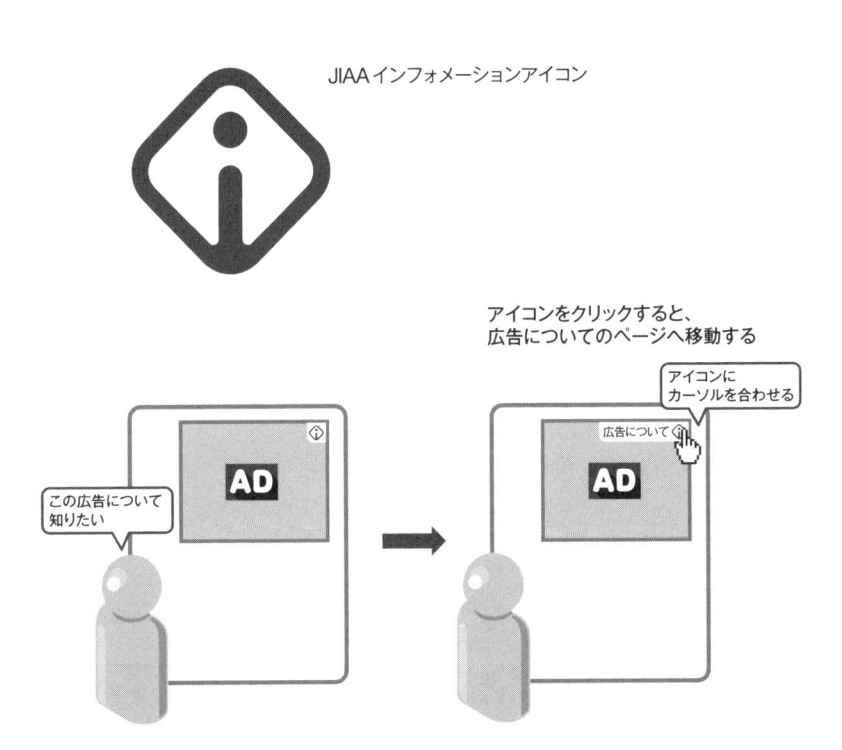

図 05-12 JIAA インフォメーションアイコンと表示例

さまざまな広告業界団体

広告業界にはさまざまな団体があります。日本では 1957 年に日本広告主協会が発足し、のちに日本アドバタイザーズ協会（JAA）となりました。国内の主要な広告主企業や団体が、広告活動の健全な発展のために活動しています。その組織のひとつ、Web 広告研究会は、実務に役立つ最新の情報を提供するために、会員向けのセミナーなどを開催し、広告主だけでなく、媒体社、広告会社、調査会社なども参画して情報交換をしています。

1999 年には、インターネット広告推進協議会が発足し、のちに日本インタラクティブ広告協会（JIAA）に改称しました。JIAA は、インターネットが信頼される広告メディアとして健全に発展していくためにビジネス環境を整備することを目的として発足しました。インターネット広告（モバイル広告含む）のビジネスに関わる媒体社、メディアレップ、広告会社、調査会社などが集まり、ガイドライン策定や調査研究などの活動を行っています。

米国には、1910 年設立の広告主企業の団体、Association of National Advertisers（ANA）、1917 年に設立された広告代理店の団体 American Association of Advertising Agencies（4A's）があります。

Interactive Advertising Bureau（IAB）は 1996 年に設立され、ネット広告やデジタルマーケティングに関わる主要なメディアやテクノロジー企業が参画しています。プログラマティックバイイングやネイティブ広告など、ネット広告の新たな動きにいち早く取り組むことでも知られています。また、動画広告の技術仕様である VAST や VPAID などの策定を行い、コメントを募集してバージョンアップしていく作業も行っています。

これらの団体は、政府や異なる業界団体とも情報交換をし、ネット広告の発展のために活動を続けています。

Chapter 06
新たな広告手法
〜モバイル広告・ビデオ広告・ネイティブ広告〜

モバイルシフトへの対応、動画視聴の広がり、新たに登場
したネイティブ広告の考え方を紹介します。

55 携帯電話で開花したビジネス

持ち運べる情報端末の登場によって
新たなビジネスが生まれました。

モバイル端末の普及と三大キャリアの登場

　「モバイル」というとき、現在では主にスマートフォンを指しますが、携帯型の通信端末として最初に一般的に普及したのは「ポケットベル」でした。音を鳴らしたり、短いメッセージを送る簡単なコミュニケーションしかできませんでしたが、ビジネスパーソンや若者の間で盛んに使われるようになります。

　無線通信によって移動可能な電話としては船舶電話、自動車電話などがありますが、一般向けには、1980年代に肩から下げて持ち運ぶ電話が登場。その後、軽量化・多機能化が進み、現在のように手で持ち運べる**携帯電話**が販売されるようになりました。1990年代には通話だけでなく、電話番号を指定して短いメッセージを送る「SMS（Short Message Service）」が利用可能になり、ポケットベルに代わって利用されるようになります。

図 06-01 携帯電話でもインターネットが利用できるようになり、モバイルビジネスが発展。

そして、1999 年に NTT ドコモが携帯電話向けの新たな情報サービス「i モード」、KDDI が「EZweb」を開始。2006 年にさまざまな統合や買収を経て、ソフトバンクモバイル（現ソフトバンク）が誕生し、現在のような三大キャリア（携帯電話事業者）の時代を迎えます。

開花する携帯ビジネス

　キャリアが提供するプラットフォームを通じて、パソコンでなければ利用できなかったインターネットを携帯電話でも利用することが可能になりました。ウェブサイトを閲覧したり、インターネットのメールアドレスにメールを送れるようになるだけでなく、天気、ニュース、占い、音楽、ゲームなど、さまざまなコンテンツが提供されるようになります。これらの多くは、キャリアの公式サービスとして多くのユーザーを獲得していきました。

　その一方で、自らがプラットフォーマーとして携帯電話向けのコンテンツやゲームを提供する企業が現れます。グリー、ミクシィ、DeNA は、API を公開し、さまざまな企業が参入できる独自のプラットフォームを構築。SNS をベースに、ゲームを楽しんだり、ユーザーどうしが交流できる仕組みを提供し、急速に発展していきます。たとえば、DeNA の「モバゲー」は、サービス開始から 8 か月後の 2006 年 10 月には、月間ページビューが 33 億 3000 万を超えるメガサイトに成長しました。

　これらのサービスはキャリアの公式サービスにもなっていますが、独自のエコシステムを構築し、携帯ビジネスとしてさらに大きく成長していくことになります。近年では、LINE がスマートフォンでのプラットフォーム戦略を打ち出し、ゲームから音楽、ネットショッピング、動画配信などを展開しています。

スマートフォンの登場

従来のプラットフォームから
モバイルビジネスの基盤は大きく変化します。

携帯電話の 3 つの分類

　携帯電話はその機能によって大きく 3 つに分けることができます。音声通話や SMS といった基本的な機能を持つ「ベーシックフォン」、カメラやワンセグ、決済機能などを備えた「フィーチャーフォン」、そしてよりパソコンに近い機能を持った「スマートフォン」。

　このうち、日本のキャリアがビジネスを構築してきたのは、フィーチャーフォンです。携帯電話の可能性を広げる多くの先進的な機能が投入されましたが、端末自体が大きく変わることはありませんでした。

iPhone の登場

　日本で携帯電話ビジネスが成長する中、2007 年にアップルが iPhone を発表。**スマートフォン**の普及が始まります。

　iPhone 以前にも BlackBerry をはじめとしたスマートフォンが販売されていましたが、iPhone はタッチスクリーンを全面に採用し、洗練されたユーザーインターフェイスデザインで人気を得ます。スクリーンに表示されるキーボードでの文字入力、カメラで撮影した写真の管理機能、iPod と iTunes でつちかった音楽サービス、携帯電話よりも大きな画面でのウェブ閲覧などは、一部のガジェット愛好家だけでなく、一般ユーザーにとっても魅力的なものでした。

　スマートフォンは、それまであった PDA（Personal Digital Assistant）と呼ばれる個人向けの情報端末とも、ノートパソコンとも異なる、インターネットに接続可能で多機能な情報端末として浸透していきます。

アップルとグーグルによるモバイル OS が登場

アップルが2007 年に iPhone を発表すると、グーグルも携帯端末用のオープンなプラットフォーム「Android」を発表。世界中の企業がこれらのプラットフォーム向けのアプリやサービスの開発に乗り出し、スマートフォンの世界は、アップルの iOS とグーグルの Android にプラットフォームがほぼ二分されることになります。

現在では、キャリア、OS を含めたビジネス基盤を提供するプラットフォーマー、アプリやサービスの提供会社など、さまざまなプレーヤーが参加する巨大なエコシステムが生まれています。その中で、広告も含めたビジネスが成長し、現在に至っています。

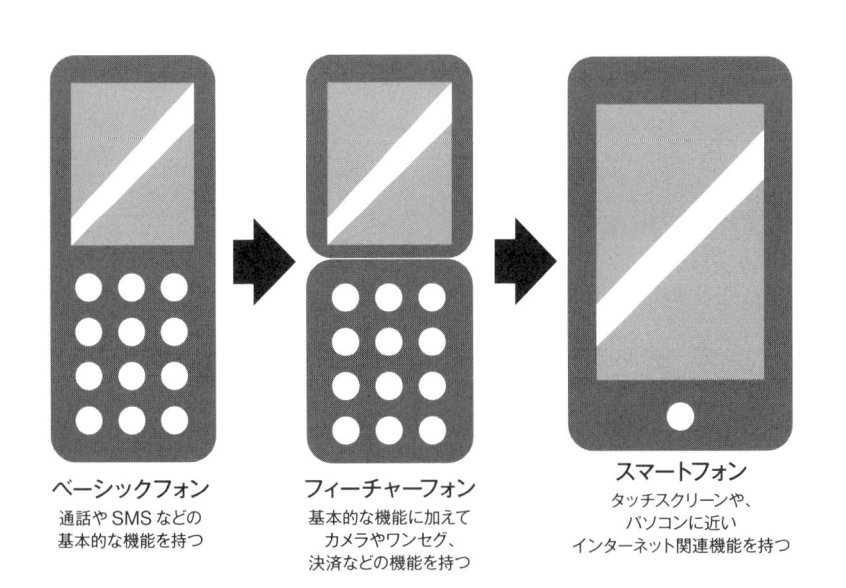

ベーシックフォン
通話や SMS などの
基本的な機能を持つ

フィーチャーフォン
基本的な機能に加えて
カメラやワンセグ、
決済などの機能を持つ

スマートフォン
タッチスクリーンや、
パソコンに近い
インターネット関連機能を持つ

図 06-02 携帯電話の 3 つの分類

消費者のアプリとウェブ利用動向

ユーザーの利用時間を比較すると
アプリがウェブを大幅に上回っています。

ユーザーが利用しているアプリ数

　多くの人のスマートフォンのホーム画面には、よく使うアプリのアイコンが並んでいます。アイコンをタップすればすぐにサービスにアクセスできるアプリは、スマートフォンユーザーにどのように利用されているのでしょうか。

　ニールセンが 2014 年に発表した調査データ[1] では、1 人のユーザーが月に 1 回以上利用するアプリは 27 個で、そのうち月に 10 回以上使用するアプリは 9 個となっています。アプリの利用個数は米国と日本で同様の水準となっており、過去の推移を見ても増加していないことから、利用アプリの個数は 27 個前後を推移すると同調査では予測しています。

　また、アプリ数は年代によって大きな差はない一方、利用時間では若年層ほど長時間利用しています。

アプリとウェブの利用時間

　スマートフォンでは、ブラウザでウェブを閲覧することもできますが、近年、ユーザーの利用動向をみると、ブラウザよりもアプリへ大きく傾いています。

　ニールセンの 2015 年の調査データ[2] によると、スマートフォンの 1 人あたり 1 日の利用時間は 1 時間 49 分で、1 年前よりも約 4 分増加しています。**アプリからの利用時間は 1 時間 28 分**で約 6 分増加しており、**ブラウザからの利用時間は 23 分**となり約 2 分減少しています。

　アプリとブラウザのシェアを見ると、アプリ 78%、ブラウザ 22% と 1

年前と比較してアプリの利用時間が3ポイント増加。スマートフォンの利用時間の増加はアプリが牽引していることがわかりました。

　同調査のアプリの総利用時間のシェアランキングを見ると、1位は「LINE」で、スマートフォンアプリの総利用時間のうち約10%を占めています。2位は「Twitter」、3位は「Facebook」となっており、コミュニケーション系のアプリに費やされた時間は、スマートフォンアプリ利用時間の約35%となっています。

※1　出典：ニールセン（2014年10月1日発表）
スマートフォン視聴率情報 Nielsen Mobile NetView の7月データをもとに分析。
＊Nielsen Mobile NetView は18歳以上の男女。
＊スマホの基本機能となる初めからインストールされている電話や電話帳、デフォルトのカメラ
　などのアプリは含まない。

※2　出典：ニールセン（2015年11月25日発表）
スマートフォン視聴率情報 Nielsen Mobile NetView の9月データをもとに分析。
＊Nielsen Mobile NetView　ブラウザおよびアプリからの利用。
＊18歳以上の男女。スマートフォン全体はカテゴリレベルで集計。ブラウザはブランドレベル
　で集計。

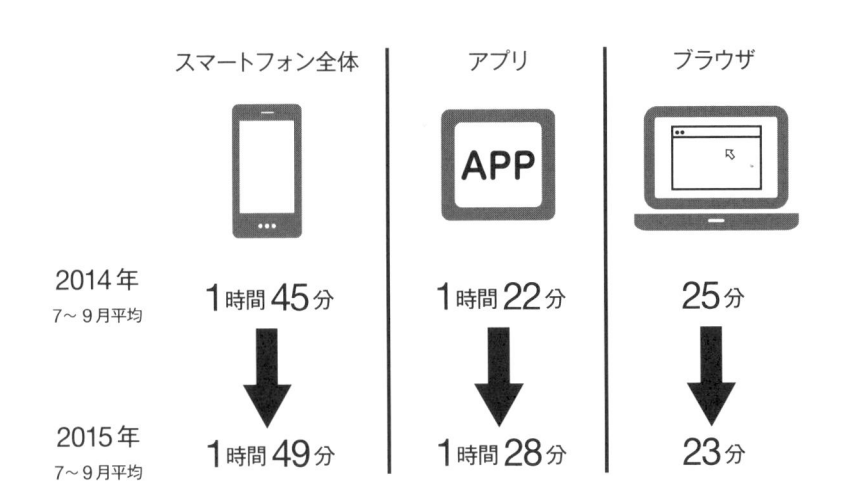

図 06-03　スマートフォンの1人あたり1日の利用時間
　　　　　出典：ニールセン（※2）

58 企業のモバイルシフトへの対応

日常生活に浸透したスマートフォンに
企業はどう対応しているのでしょうか。

　3GからLTE、4Gへと通信の速度が向上し、都市部では地下鉄でも途切れることなくインターネットを利用できるようになると、移動時間やスキマ時間にスマートフォンを利用する人が増えていきます。また、テレビを見ながらスマートフォンで検索したり、SNSへ投稿するといった並行利用も見られるようになりました。

　総務省の平成26年度版「情報通信白書」によると、2010年末には9.7%だったスマートフォンの世帯保有率は、2013年末には62.6%と急速に普及が進んでいます。また、インターネットを利用する端末としては「自宅のパソコン」（58.4%）に「スマートフォン」（42.4%）が続いています。

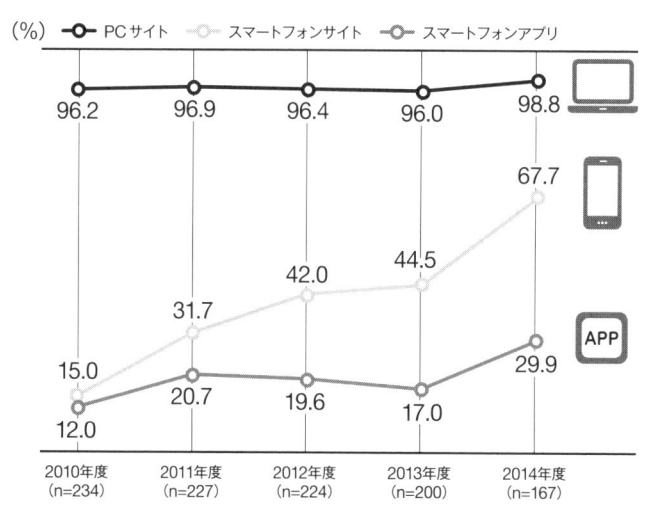

図06-04 サイトとアプリのスマートフォン対応率 （2010～2014年度）　BtoC企業全体
出典：いずれも2015年 企業のインターネット広告・モバイル広告利用動向調査 （D2C/日経BP社）

スマートフォン広告の利用が急増

こうした状況を受けて、企業はどのように対応しているのでしょうか。以下の図は BtoC 企業を対象にした調査結果をまとめたものです。図 06-04 の PC サイト、スマートフォンサイト、スマートフォンアプリの対応状況を見ると、サイトをスマートフォンに対応させている企業の数は急速に伸び、2014 年度には 67.7％に達しています。アプリはそれには及ばないものの 3 割近い企業がアプリを提供しています。

また、図 06-05 の企業の広告利用動向においても変化が見られます。PC 広告利用率は直近の 5 年間で 50 〜 60％台を維持しているのに対して、スマートフォン広告利用率は 2010 年度の 8.1％から 2014 年度には 53.3％に急成長しています。

このように、消費者のモバイルシフトを背景に、企業のモバイルへの対応が進んでいますが、パソコンと比較すると、スマートフォン市場の開拓の余地はまだ大きいといえるでしょう。

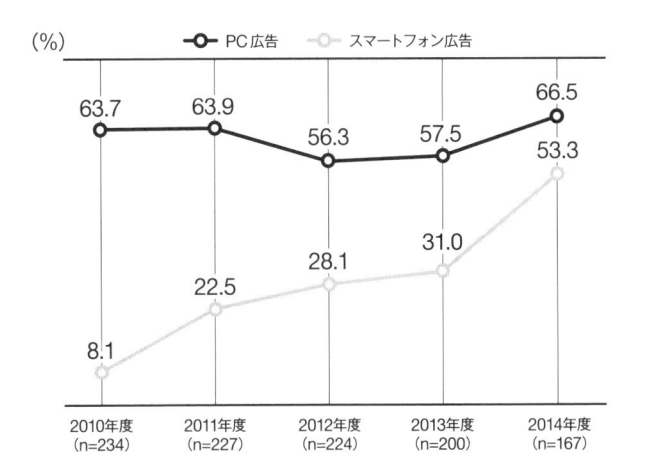

図 06-05 PC 広告とスマートフォン広告の比較（2010 〜 2014 年度）　BtoC 企業全体

モバイル広告市場の変化

モバイルでは、どのようなタイプの広告が利用されているのでしょうか。

　消費者のモバイルシフトに呼応するように、スマートフォン広告を利用する企業が増えています。

　図06-06はスマートフォン広告市場の推移をまとめたものです。端末の普及、ユーザーのネット利用拡大を追い風に、モバイル広告市場の規模も右肩上がりとなっています。特に近年、その市場規模は急速に拡大しています。

　図06-07は、2014年のスマートフォン広告費の内訳です。最も多いのは検索連動型広告で、アドネットワーク、運用型ソーシャルが続きます。この3つを合わせた運用型広告はモバイル広告の72%を占めることになります。

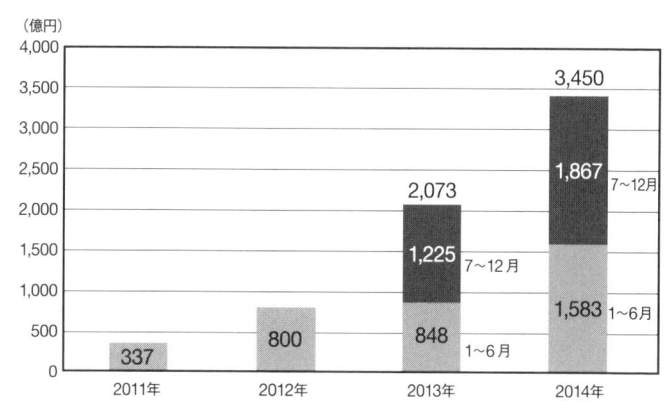

※2011年：電通「日本の広告費」、2012年・2013年：D2C独自推計、2014年：D2C・CCI独自推計
対象期間：各年1～12月

図06-06 スマートフォン広告市場規模（推計値）の推移

2013 年と 2014 年を比較すると、スマートフォン広告全体は前年比 166％となっています。全体に占める割合はまだ小さいですが、成長率では運用型ソーシャルが 575％と急拡大している点が注目です。

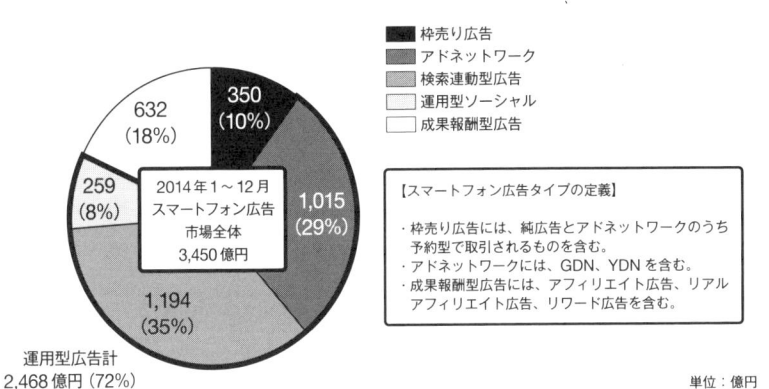

凡例：
- 枠売り広告
- アドネットワーク
- 検索連動型広告
- 運用型ソーシャル
- 成果報酬型広告

632（18%）
350（10%）
259（8%）
1,015（29%）
1,194（35%）

2014 年 1 〜 12 月
スマートフォン広告
市場全体
3,450 億円

運用型広告計
2,468 億円（72%）

【スマートフォン広告タイプの定義】
・枠売り広告には、純広告とアドネットワークのうち予約型で取引されるものを含む。
・アドネットワークには、GDN、YDN を含む。
・成果報酬型広告には、アフィリエイト広告、リアルアフィリエイト広告、リワード広告を含む。

単位：億円
表示単位未満を四捨五入して表示しているため、計算値が一致しない場合があります。
※D2C・CCI 独自推計

図 06-07 スマートフォン広告タイプ別構成比（2014 年 1 〜 12 月）

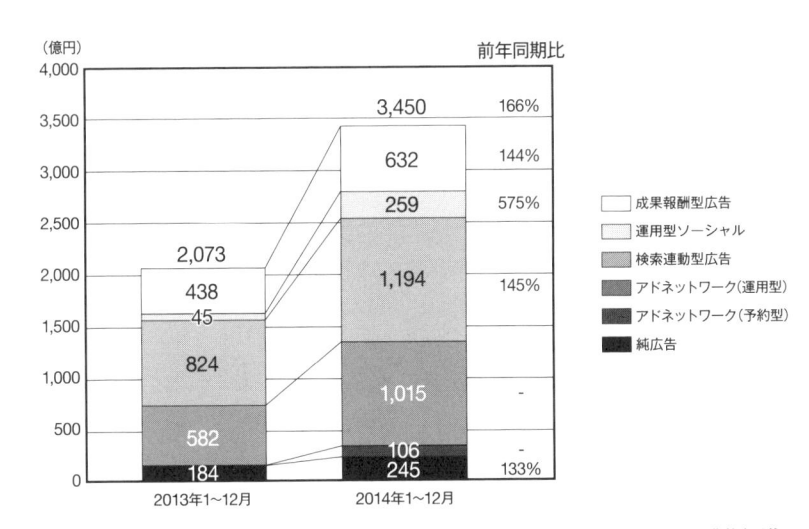

（億円）　　　　　　　　　　　　　　　前年同期比

凡例：
- 成果報酬型広告
- 運用型ソーシャル
- 検索連動型広告
- アドネットワーク（運用型）
- アドネットワーク（予約型）
- 純広告

2013年1〜12月：2,073
- 438
- 45
- 824
- 582
- 184

2014年1〜12月：3,450（166%）
- 632（144%）
- 259（575%）
- 1,194（145%）
- 1,015（-）
- 106（-）
- 245（133%）

広告タイプ区分変更のため、前年と比較可能なもののみ前年同期比を記載。
表示単位未満を四捨五入して表示しているため、計算値が一致しない場合があります。
※D2C・CCI 独自推計

図 06-08 スマートフォン広告タイプ別成長率（2013 年と 2014 年の比較）

60 企業によるアプリとウェブの使い分け

ブランディングや販促など、企業は目的に応じて使い分けています。

企業の利用動向

　企業は PC サイト、スマートフォンサイト、アプリを目的に応じて使い分ける傾向があります。

　図06-09は、企業の利用目的をまとめたものです。PCサイトはブランディング目的で使われることが多く、採用活動にも利用されています。スマートフォンサイト、アプリは販促目的での利用が多くなっていますが、同じ販促目的でも、その内容は少し異なるようです。アプリはキャンペーンと深く結びついており、店頭への集客や売上の向上など、購買ファネルの最終段階への貢献を期待されています。また、生活者の衝動的に起こるニー

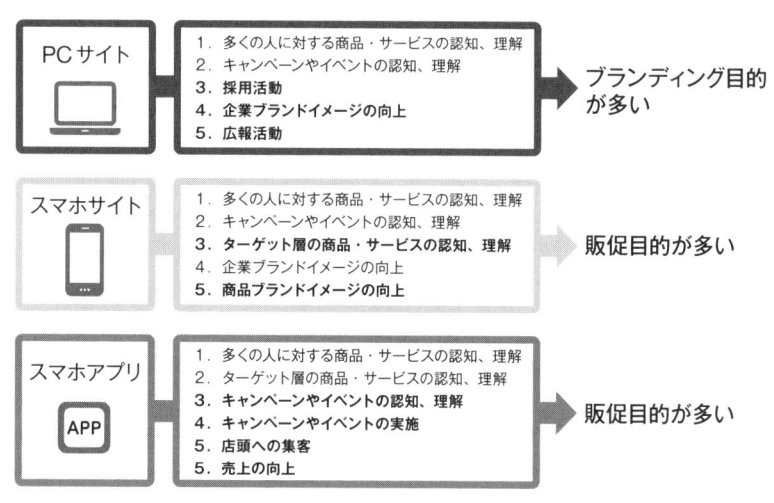

PC サイト
1. 多くの人に対する商品・サービスの認知、理解
2. キャンペーンやイベントの認知、理解
3. **採用活動**
4. **企業ブランドイメージの向上**
5. 広報活動
→ **ブランディング目的が多い**

スマホサイト
1. 多くの人に対する商品・サービスの認知、理解
2. キャンペーンやイベントの認知、理解
3. **ターゲット層の商品・サービスの認知、理解**
4. 企業ブランドイメージの向上
5. **商品ブランドイメージの向上**
→ **販促目的が多い**

スマホアプリ
1. 多くの人に対する商品・サービスの認知、理解
2. ターゲット層の商品・サービスの認知、理解
3. **キャンペーンやイベントの認知、理解**
4. **キャンペーンやイベントの実施**
5. **店頭への集客**
5. **売上の向上**
→ **販促目的が多い**

※BtoC企業における各開設/提供企業でのランキング
2015年 企業のインターネット広告・モバイル広告利用動向調査(D2C/日経BP社)

図 06-09 サイト／アプリの目的（ランキング上位）

ズに対応するために、モバイルをハブとして販促に活用していることも想定されます。

スマートフォンのビジネス貢献

　スマートフォンの事業への貢献をまとめたのが図 06-10 です。売上の増加、顧客層の拡大、見込み客の拡大で BtoC 企業の 2 割超がスマートフォンの貢献実績があると回答しています。

　経済産業省が 2015 年 5 月に発表した「電子商取引に関する市場調査」では、大手 EC 事業者（BtoC）の中には、スマートフォン経由の取引が 50％を超える企業も出てきていると指摘しています。PC サイトよりも先に（あるいは同時に）スマートフォンサイトを構築するモバイルファーストの取り組みなどを背景に、スマートフォン経由での取引は今後も増加すると予測されます。

　まだ、実績はないものの今後の貢献に期待を寄せている企業も多く存在します。こうした期待に応えつつ、ブランディングでもスマートフォンが貢献していくにはさらなる取り組みが必要となりそうです。

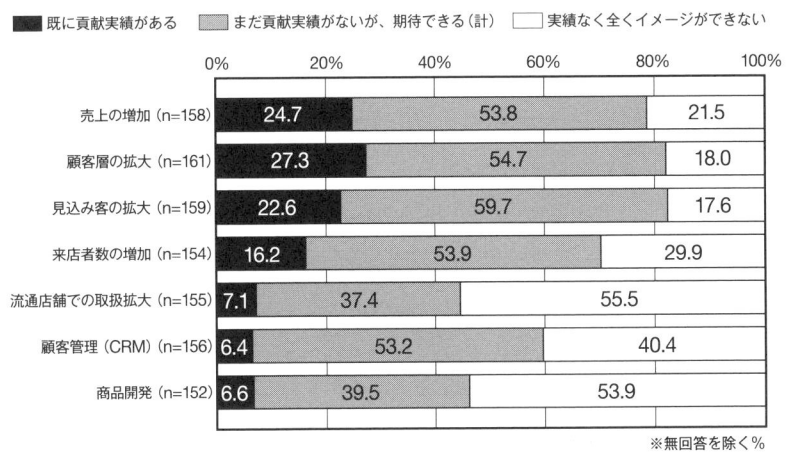

※無回答を除く%
2015 年 企業のインターネット広告・モバイル広告利用動向調査（D2C/日経 BP 社）

図 06-10 スマートフォンの事業貢献状況 （BtoC 企業全体）

動画サービスの登場

テキストと画像が中心だったウェブページに動画によって動きと音が加わります。

投稿動画からオフィシャルコンテンツまで

　現在のように、パソコンやスマートフォンで動画が楽しめるようになる以前、ウェブページは長い間、主にテキストと画像で構成されていました。動きや音声を取り入れるために、当初は GIF や Flash などを使い、次第にダイナミックな表現が可能になっていきます。

　その一方で、ユーザーが撮影した映像を投稿し、共有するためのサービスも登場。その代表的な存在である YouTube に、2005 年 4 月、はじめて動画が投稿されました。その翌年にはグーグルが YouTube の買収を発表。さまざまな年代のユーザーが国を超えて動画を楽しむようになります。

　グーグルは 2009 年に YouTube でインタレスト（興味関心）ベース広告のテストを開始し、2010 年に「TrueView」を導入。TrueView は 5 秒経つとユーザーがスキップすることができるビデオ広告です。

　日本では 2005 年 4 月、音楽配信の USEN が無料のブロードバンド配信「GyaO」（現 GYAO ！）のサービスを本格的に開始します。GyaO はブロードバンド環境に接続可能なパソコン端末があれば利用できる広告モデルの無料ブロードバンド配信で、映画、海外ドラマ、音楽、オリジナル番組、スポーツ中継などのコンテンツを配信しています。

　USEN は 2008 年に GyaO 事業を分社化。2009 年に GyaO はヤフーの子会社になり「Yahoo! 動画」と「GyaO」を統合。無料の「GYAO!」、有料の「GYAO! ストア」、さらに「Yahoo! 映像トピックス」（有料／無料）の運営を開始します。

もうひとつ動画サービスとして人気なのは、2007年にニワンゴが立ち上げた「ニコニコ動画」です。ユーザーのコメントをリアルタイムに再生画面上に表示する機能で人気を集めます。同年、有料会員サービスを開始し、2015年8月にプレミアム会員数は250万人を突破しています。

そのほかの動画サービス

ソーシャルメディアも動画サービスに注力しており、2012年にFacebookは写真だけでなく15秒の動画を投稿できるInstagramを買収。同年Twitterは6秒間という短い動画をループ再生するVineを買収しました。また、LINEは2015年12月にライブ配信プラットフォーム「LINE LIVE」を公開。スマートフォンのプッシュ機能などを活かして新たな動画コンテンツの共有を目指しています。

手軽に生中継ができるストリーミングサービスも登場し、若い世代の人気を集めています。また、VOD（Video On Demand）や定額制で映画やドラマが見放題のストリーミングサービス「Hulu」「Netflix」が日本でのサービスをスタート。2015年10月には、在京民放5社（日本テレビ、テレビ朝日、TBS、テレビ東京、フジテレビ）が、テレビ番組を広告付きで無料配信する「TVer」を開始しています。

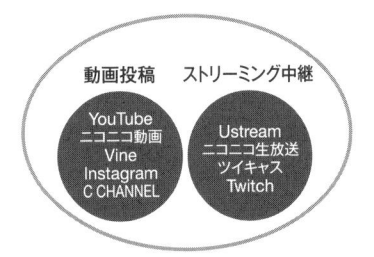

ユーザー投稿型

動画投稿　ストリーミング中継

YouTube
ニコニコ動画
Vine
Instagram
C CHANNEL

Ustream
ニコニコ生放送
ツイキャス
Twitch

スマートフォンなどで撮影した動画をユーザーが投稿するタイプとストリーミング中継するタイプがある。スマートフォンで楽しむのに適した数秒間の動画から、ゲームのプレイを実況中継するのに特化したサービスもある。

オフィシャルコンテンツ型

有料サービス　無料サービス

Hulu Netflix
Amazonインスタントビデオ
NHK オンデマンド

TVer GYAO!
テレ朝動画
テレ東プレイ
Dlife

基本的に、ストリーミングによるVOD（Video On Demand）。テレビ局、ビデオレンタル会社、携帯通信事業者などが提供し、定額制の見放題、コンテンツごとの課金、無料で楽しめる広告モデルなどがある。

図 06-11　さまざまな動画サービス

動画の視聴動向

日本では、スマートフォン利用者の 80%が 動画を視聴しています。

　現在、日本では動画視聴はどのように行われているのでしょうか。ニールセンの調査データ（2015 年 2 月発表）によると、「ビデオ／映画」カテゴリ全体でスマートフォンからの利用者数が増加。2015 年 1 月には 3700 万人を超えており、スマートフォンからのインターネット利用者の 80%が利用していることになります。一方、パソコンからの利用者数はゆるやかに減少傾向が見られます。

　パソコン／スマートフォンともに利用者数ランキングトップ 3 に入ったのは、YouTube、niconico、GYAO!。いずれのサービスも 1 訪問あたりの利用時間はスマートフォンよりもパソコンの方が長くなっています。特にニコニコ動画やニコニコ生放送を含む niconico では、パソコンからの利用時間は 27 分で、スマートフォンの 3 分の約 9 倍となっています。

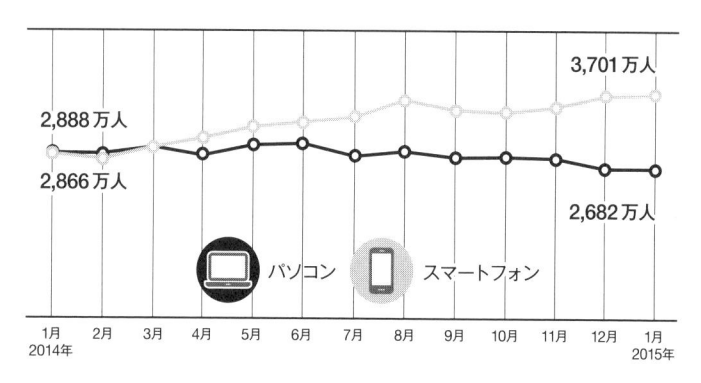

スマートフォン：Nielsen Mobile Netview ブラウザとアプリからの利用
パソコン：Nielsen NetView 家庭および職場のパソコンからの利用
*Nielsen NetViewは2歳以上の男女、Nielsen Mobile Viewは18歳以上の男女

図 06-12 「ビデオ／映画」カテゴリ全体　利用者推移
　　　　　出典：いずれもニールセン

YouTube を視聴している時間帯

　ニールセンの別の調査（2015 年 9 月発表）では、日米のユーザーが YouTube をスマートフォンアプリから利用している時間帯が明らかになりました（図 06-13）。朝から夜に向かって利用時間の割合が伸びていき、日本では一番のピークは 21 時台となっています。また、朝 7 〜 9 時に山ができており、朝の通勤通学の時間帯によく使われていることもわかります。

若者の動画視聴

　若い世代の動画視聴についても見てみましょう。サイバーエージェントの国内動画メディア接触率調査（2015 年 8 月発表）では、10 代〜 20 代は 6 割がパソコン・スマートフォンでオンライン動画を視聴しており、10 代におけるスマートフォンからのオンライン動画接触率は 80％。テレビ接触率の 85％に迫る勢いとなっています。

　PC メディアにおいて YouTube の接触率は全世代を通して最も高く、特に男性若年層では約 70％を占めています。スマートフォンメディアにおいても、YouTube の接触率は全世代を通して最も高く、特に 10 代では 7 割近くとなっています。

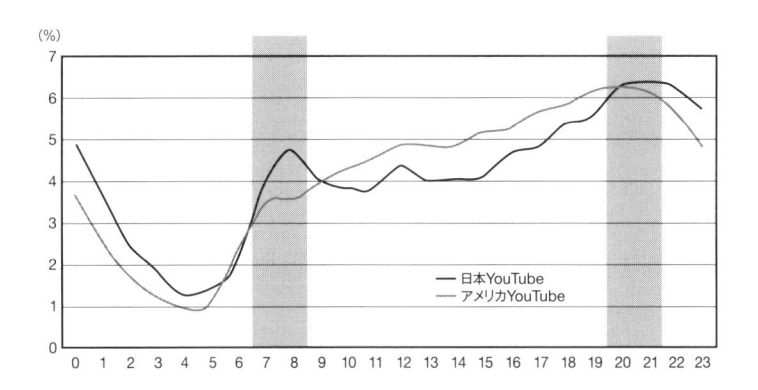

Nielsen Smartphone Analytics　アプリからの利用
＊18歳以上の男女
＊1日の時間帯別利用時間シェア…1日の総利用時間を100%とした場合の各時間帯の利用時間割合

図 06-13　日本とアメリカの「YouTube」アプリ 1 日の時間帯別利用時間シェア 2015 年 5 〜 7 月平均

63 ビデオ広告の種類

動画視聴の広がりとともに
ビデオ広告の活用も本格化しています。

インストリーム型とインディスプレイ型

　ビデオ広告は、表示方法や広告を挿入するタイミングなどによって分類されます。まず、表示方法によって「**インストリーム型**」と「**インディスプレイ型（インバナー型）**」の2つに分類することができます。

　インストリーム型はひとつの動画コンテンツのストリーム（流れ）の中で広告を表示します。動画サービスではページ内に配置された動画プレーヤーで視聴しますが、こうした環境で再生される広告です。

インストリーム型（動画在庫）

動画サービス

インディスプレイ（インバナー）型（ディスプレイ在庫）

ウェブメディア

動画コンテンツに連動して再生されるビデオ広告

- プレロール型（動画コンテンツの開始前に再生）
- ミッドロール型（動画コンテンツの途中で再生）
- ポストロール型（動画コンテンツの再生後に再生）
- スキッパブル型（広告スキップ可能）
- インタラクティブ型（クリックすることによって表示が変化）

動画コンテンツに連動せずバナー広告の枠内で再生されるビデオ広告

- クリック再生型（広告をクリックして再生を開始）
- 自動再生型（広告枠が表示されると自動的に再生開始）
- インリード再生型（記事の途中に配置し、広告枠が表示されると再生開始）

図 06-14 ビデオ広告の配信方式

インストリーム型は、動画コンテンツの再生開始前（プレロール）、再生中（ミッドロール）、再生後（ポストロール）など、挿入タイミングによっても分類されます。

　一方、インディスプレイ型は、インバナー型とも呼ばれることからわかるとおり、動画コンテンツの有無に関わらず、ディスプレイ広告（バナー広告）枠内でビデオ広告を表示することができます。

　ビデオ広告の分類では、インストリーム型とアウトストリーム型に分ける場合もあり、後者がインディスプレイ（インバナー）型になります。

ビデオ広告の配信

　ビデオ広告の配信の際には、動画プレーヤーからアドサーバーへ広告をリクエストします。アドサーバーは動画配信サーバーへ該当する動画のデータをリクエストし、動画プレーヤーに対して広告が配信されます。

　ビデオ広告の取引でも、予約型と運用型があります。事前に出稿期間や出稿量を決めて発注する予約型では、ビデオ広告枠を動画コンテンツやサイトを指定して買い付ける場合とアドネットワークを利用する場合があります。また、運用成績を見つつ金額・量を変動させて発注する運用型では、広告取引市場でオークションによって広告枠を売買するアドエクスチェンジや DSP などを利用します。

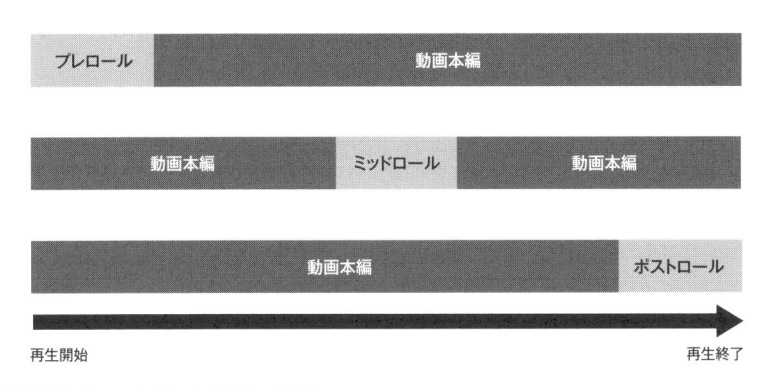

図 06-15　インストリーム型広告の種類

ビデオ広告を支える技術 VAST と VPAID

IAB は、ビデオ広告を適切に配信するための 技術仕様を公開しています。

ビデオ広告配信のテンプレート「VAST」

　米国の広告業界団体 IAB は、ビデオ広告を適切に配信するための技術仕様「VAST（Video Ad Serving Template）」を公開しています。動画プレーヤーとアドサーバーがデータをやりとりするときの規格を定めることによって、多様な再生環境でも適切な広告配信が可能になります。

　ビデオ広告は再生が開始されてからインプレッションが計測されることが多く、どこまで再生されたかを、25%、50%、75%、再生完了などのように計測することができます。

　図 06-16 は媒体社のアドサーバーがビデオ広告を配信する場合の仕組みを表したものです。VAST にもとづいた広告配信では、まず動画プレーヤーが広告の配信をリクエストします。それに対して、アドサーバーはメディ

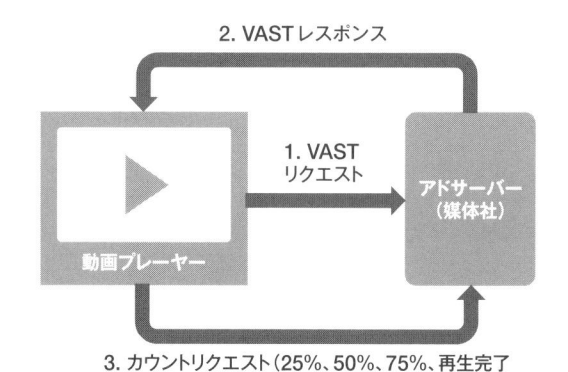

図 06-16 VAST のプロセス
"Video Ad Serving Template（VAST）Version 3.0"（IAB）をもとに作成。
http://www.iab.com/wp-content/uploads/2015/06/VASTv3_0.pdf

アファイルの場所、広告の表示とトラッキングに必要な情報を含んだレスポンスを返します。その後、動画プレーヤーは、計測対象のイベントが発生したときにアドサーバーに通知します。

インタラクティブな機能を追加する「VPAID」

VAST で定めているのは基本的な広告配信の手続きです。動画プレーヤーに、よりインタラクティブな機能を追加する場合にはIABが公開しているもうひとつの技術仕様「**VPAID（Video Player Ad - Serving Interface Definition）**」を使います。

インストリーム広告のユニットに異なるリンク先を設定したボタンを複数設置したり、ボタンをクリックして別バージョンのビデオ広告の再生、ビデオ広告本編と連動させたアニメーションや画像の表示も可能です。また、ビデオ広告をソーシャルメディアを通じて共有する機能も付加できます。VPAID によって、インタラクティブなビデオ広告のインターフェイスを実現し、ユーザーのアクションを計測することもできます。

IAB はこれらの仕様を状況に応じてバージョンアップしています。進化を続けるビデオ広告は、こうした標準化の努力によって支えられています。

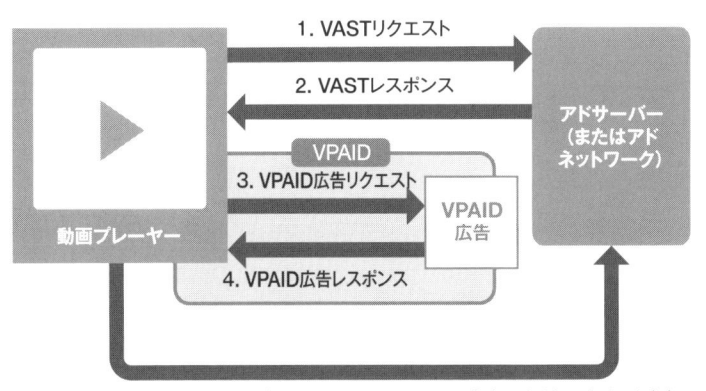

5. カウントリクエスト（25%、50%、75%、再生完了などのイベント毎）

図 06-17 VPAID のプロセス
"Video Player-Ad Interface Definition（VPAID）Version 2.0" をもとに作成。
http://www.iab.com/wp-content/uploads/2015/06/VPAID_2_0_Final_04-10-2012.pdf

65 YouTuber や
スマホの縦型動画の登場

動画の世界では、若い世代を中心に
新たなトレンドが生まれています。

自撮り感覚の動画

　若い世代がスマートフォンを使いこなすようになると、新たなトレンドが生まれます。そのひとつが**自撮り（セルフィー）**です。それまでは、カメラで自分以外の人や風景を撮影することが一般的でしたが、スマートフォンの時代になると、自分を含めて写真を撮り、友だちと共有することが流行します。

　動画の世界でも、自撮り感覚を活かした新たなスターが登場しています。料理やファッションの情報を発信したり、仲間とお笑いコンテンツを作ったり、ゲームのプレイ動画を公開して人気を集める人が続出し、**「YouTuber」**と呼ばれるようになります。スウェーデンの PewDiePie（ピューディーパイ）の公式チャンネルの登録者数は 4000 万を超え、日本では HIKAKIN がその代表格です。影響力のある YouTuber は若者にとって身近なスターとなっています。

　YouTube はこうしたクリエイターに対して、パートナープログラムを通じて広告や有料チャンネル登録、商品紹介などのさまざまな方法でコンテンツを収益化する方法を提供しています。また、日本でも YouTuber 専門のプロダクションが登場。クリエイターのサポートやコンテンツ制作サービスを提供しています。

スマートフォンと縦型動画

スマートフォンの動画のスタイルにも大きな変化が生まれています。それが**縦型の動画**です。YouTube をはじめとする現在の動画サービスでは、再生画面は映画のスクリーンやテレビの画面と同じ横長や正方形に近い形が主流です。一方、スマートフォンに特化した動画サービスでは、縦長の画面全体に動画を表示するものが出てきました。Snapchat やC CHANNEL がその代表例です。

YouTube を縦型の画面で見るときは再生画面は横幅に合わせて小さくなり、横に倒してはじめてスマートフォンの画面全体で再生されるようになります。しかし、縦長の動画の場合は、片手で持ったまま全画面で動画を楽しむことができます。

Snapchat の「DISCOVER」というコーナーでは、BuzzFeed や National Geographic などのメディアが動画を含めたコンテンツを提供していますが、画面全体がカードのようにタテ・ヨコのスワイプで切り替わるようになっています。こうしたスタイルが定着すれば、ビデオ広告にもまた新たな変化が生まれるかもしれません。

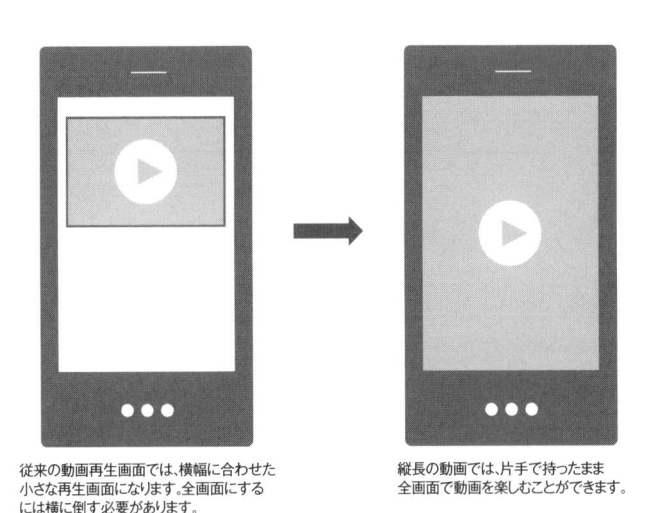

従来の動画再生画面では、横幅に合わせた小さな再生画面になります。全画面にするには横に倒す必要があります。

縦長の動画では、片手で持ったまま全画面で動画を楽しむことができます。

図 06-18 従来の動画再生画面と縦長動画の違い

ネイティブ広告

広告の表示環境やユーザー体験に合わせた 新たな広告の形が模索されています。

　広告の世界では**ネイティブ広告（Native Advertising）**という新たな概念が注目を集めています。ネイティブは「その土地で生まれ育った」といった意味で、「ネイティブスピーカーの発音」のような使い方をします。スマートフォンのネイティブアプリは、iOS や Android などのプラットフォームの仕様に従って開発され、端末の機能を最大限に引き出すことができるアプリです。

　では、ネイティブな広告とはどのような広告を指すのでしょうか。この言葉が注目を集めるようになったとき、さまざまな意味で使われ、言葉の定義に混乱が見られました。こうした状況を受けて、IABは2013年、「Native Advertising Playbook」という文書を発表。ネイティブ広告を、実際に活用されている6つのタイプに整理しました。

ネイティブ広告の２つの側面

　その文書の冒頭には「ネイティブ広告の２つの側面」という文章があり、ネイティブ広告の概念には「強い願望」と「広告商品群」の２つが含まれていると述べています。

　前者は、ページのコンテンツと結びつき、デザインに同化し、プラットフォームの挙動と一貫性があり、それを見る人が調和していると感じるような有料広告を提供したいという、広告主と媒体社の願望を指します。そしてネイティブ広告は、それを実現するいくつかの広告商品によって具体化されます。

6つの分類

　IAB は、ネイティブ広告を6つの主要なタイプに分類しています（表06-01）。このうち、「インフィード」は現在非常に多く見られるスタイルです。たとえば、Facebook や Twitter のタイムラインやニュースフィードに表示される、ユーザーの投稿やニュース記事と同じようなかたちで表示されるスタイルです。広告であることは明示されていますが、画面から受ける印象は、全体と調和しているといえます。

　また、「ペイドサーチ」は、グーグルなどが提供している検索連動型広告のことです。新しい広告フォーマットではありませんが、ネイティブ広告のひとつとして分類されています。検索エンジンにおいて、ユーザーは入力したキーワードに関連する情報を探しています。検索結果ページに表示された検索連動型広告も、そのキーワードに関連する情報を同様のスタイルで提供していると考えれば、機能面でもユーザーの意図に沿ったものといえるでしょう。

　IAB はネイティブ広告を、形式、機能、統合性、バイイングとターゲティング、計測指標などの観点から分析しており、見た目が自然であればよいといった単純な分類はしていない点に注意が必要です。

分類		例、説明
In-Feed Units	インフィード	Facebook、Twitter
Paid Search Units	ペイドサーチ	Yahoo、Google
Recommendation Widgets	レコメンデーションウィジェット	Outbrain
Promoted Listings	プロモーテッドリスティング	Amazon、Foursquare
In-Ad (IAB Standard) with Native Element Units	ネイティブ要素を持つイン-アド(IABスタンダード)	IAB 標準の広告枠内に表示されるが、編集記事の内容と関連したネイティブ要素を持つもの
Custom	カスタム	広告主と媒体社によって独自に展開され、上記5つのカテゴリに分類されないもの

表06-01 IAB のネイティブ広告の6つの分類
出典：“Native Advertising Playbook”（IAB）
http://www.iab.com/wp-content/uploads/2015/06/IAB-Native-Advertising-Playbook2.pdf

ネイティブ広告と明示性

ネイティブ広告も、広告であることを明確に ユーザーに伝える必要があります。

広告としての明示性

　IAB は「Native Advertising Playbook」の中で、ネイティブ広告の 6 つの分類のどれに属しているかに関わらず、広告であることをわかりやすく明示することが非常に重要だとしています。

　具体的には、その広告が有料であることを伝え、広告であることがわかるような大きさがあり、見る人の目につくようなものであること。つまり、ネイティブ広告であっても広告であることをわかりやすく示すことを推奨しています。

　その一方で IAB は、すべてのネイティブ広告に適用できる明示方法を示すことは差し控えています。ネイティブ広告をめぐる環境は変化し、新たな広告に接することで消費者の認識も変化するからです。

ブランディング広告としてのネイティブ広告

　また、「Native Advertising Playbook」の最後で、IAB はネイティブ広告をブランディング広告と位置付けています。ネイティブ広告が加わることで、ダイレクトマーケティングからブランディングまで、あらゆるコミュニケーションに対応可能なより良いデジタルマーケティングが可能になるとしています。これも、ネイティブ広告を考えるときの重要な視点のひとつです。

JIAA の分類

IAB の取り組みを受けて、2015 年に日本でも JIAA（日本インタラクティブ広告協会）のネイティブアド研究会が、ネイティブ広告のガイドラインや独自の分類を発表しています。

JIAA の分類は IAB の分類とは少し違っていて、大きく「インフィード広告」「レコメンドウィジェット」「タイアップ」の 3 つに分類しています（表06-02）。さらに、インフィード広告は、「媒体内誘導型」「外部コンテンツ誘導型」「フィード内表示型」の 3 つに分類されます。また、「タイアップ」は、「タイアップ広告」と「スポンサードコンテンツ」に分けられます。

ネイティブ広告	デザイン、内容、フォーマットが、媒体社が編集する記事・コンテンツの形式や提供するサービスの機能と同様でそれらと一体化しており、ユーザーの情報利用体験を妨げない広告を指す。	
インフィード広告	ネイティブ広告の一種で、記事・コンテンツと一体感のあるデザイン、フォーマットで設置された誘導枠を指す。インフィード広告は下位区分として 3 つに分類される。	媒体内誘導型
		外部コンテンツ誘導型
		フィード内表示型
レコメンドウィジェット	ネイティブ広告の一種で、媒体社もしくはプラットフォーマーが提供する記事・コンテンツページ内に「レコメンド枠」（例：「関連コンテンツ」や「recommended by」等）として表示される誘導枠を指す。	
タイアップ		
タイアップ広告	媒体社が広告を記事調に制作編集する広告コンテンツを指す。媒体自身の特性・コンテンツと連動する企画となることが多いことから、「媒体」と「広告主」の「タイアップ」という意味で「タイアップ広告」と呼ばれる。	
スポンサードコンテンツ	コンテンツそのものは媒体社の編集側が制作し、そのコンテンツおよびそれらが掲載されているページなどへ広告主がスポンサードするもの。	

表06-02 JIAA のネイティブ広告の分類（抜粋）

column　**ネット広告はインフラとの二人三脚**

　「次は何が来る？」というのは、ネット広告の業界で議論される話題です。この「何が来る？」を占うには、インフラの発展動向をよく見ておくことが正しい道しるべのひとつになります。

　日本でネット広告がスタートした20年前は、カラーの写真や動画が家庭のインターネットでも見られるようになると想像されていましたが、高画質の写真がストレスなく見られるようになったのはADSLや光ファイバーが普及したここ10年ほどの話です。そうしたインフラ整備が進んだことによって、広告でもFlashなどのリッチバナーが普及しました。

　現在では「スマートフォンで高画質動画を見る」ということが期待されていますが、いくらLTEや4Gでも、全ユーザーが高画質動画を視聴すると回線速度が低下してしまいます。また、ユーザーもそれに応じた高額のパケット通信代を支払わなくてはなりません。もちろん、通信会社の設備改善への投資も必要になります。飛躍的に通信速度を高める技術も開発されていますが、普及するのはまだ少し先の話です。また、動画などリッチコンテンツを見れば、スマートフォン端末の処理速度やバッテリーの進化も必要となるでしょう。今はまだ、その過渡期にあるといえます。

　広告はたくさんの人に接してもらえること、ストレスなく届けられることが大事な要素です。最先端の技術に目を奪われることも多いと思いますが、インフラとの二人三脚でユーザーとの良好な関係を築くことが大切です。

Chapter 07

広告のこれから

ネット広告が抱える課題と業界の取り組みを踏まえて、
広告の今後について考えてみましょう。

68 広告のビューアビリティ

広告在庫（インプレッション）を
より明確に定義する取り組みが行われています。

ビューアビリティの３つの段階

　ネット広告は、ユーザーがウェブページにアクセスしてはじめて、インプレッションが発生します。近年、インプレッションの**ビューアビリティ**（**Viewability**）という概念が注目されるようになってきました。

　ビューアビリティについて理解するには、３つの段階に分けて考えるとわかりやすいでしょう。ネット広告の黎明期では、ブラウザのリクエストに応じてサーバーが広告を配信したときにインプレッションのカウントが行われていました。これを「サーブドインプレッション（Served Impression）」といいます。ただし、広告を配信したものの、それがブラウザで表示されたかどうかを保証するものではありませんでした。

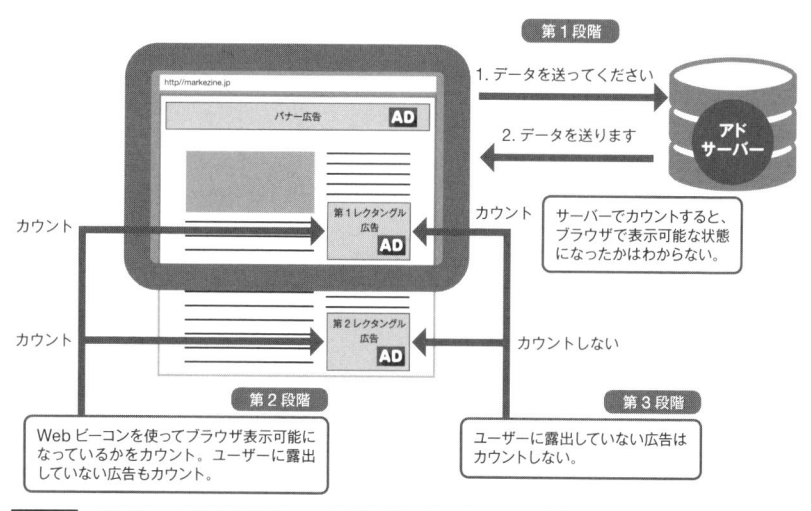

図 07-01 デスクトップにおけるビューアブルインプレッションの定義

これを改善するために、広告クリエーティブに含まれる Web ビーコンという小さな画像を使って、ブラウザで表示可能な状態になっているかを計測するようになりました。しかし、ウェブページはファーストビューに収まるとは限りません。ページの下部にある広告は、ユーザーがスクロールしてくれれば表示可能な状態になっていますが、スクロールされなければユーザーに露出されることはありません。

現在では、さらに進んで、ブラウザでユーザーが見ることのできる領域に広告が露出されたかを計測することが可能になっており、これを「**ビューアブルインプレッション（Viewable Impression）**」といいます。

ビューアブルインプレッションの定義

米国では 2014 年、全米広告主協会や IAB とともに、Media Rating Council（MRC）が中心となって、ビューアブルインプレッションの定義を行っています。ビューアブルインプレッションとみなされるには、広告クリエーティブの表示面積や表示時間が表 07-01 のような条件を満たしている必要があります。

2015 年にはデスクトップの定義をもとに、モバイル広告のビューアブルインプレッションも暫定的に定義しています。

ビューアブルであることは、ユーザーに「見る機会を与えること（Opportunity to See）」です。広告がクリックされなくても、メッセージを伝えるために、ユーザーが見ている画面内に露出されていること。これを計測可能にすることで、クリック以外のネット広告の価値を示すことにもつながります。

デスクトップ	モバイルウェブ	モバイルアプリ内
ディスプレイ広告：ピクセルの 50%、1 秒間	ディスプレイ広告：ピクセルの 50%、1 秒間	ディスプレイ広告：ピクセルの 50%、1 秒間
ビデオ広告：ピクセルの 50%、2 秒間	ビデオ広告：ピクセルの 50%、2 秒間	ビデオ広告：ピクセルの 50%、2 秒間

表 07-01 デスクトップ、モバイル、モバイルアプリ内のビューアブルインプレッションの定義（抜粋）
出典：˝MRC Interim Guidance on Mobile Viewable Impression Measurement Issued May 4, 2015˝
http://mediaratingcouncil.org/050415_Mobile%20Viewability%20Interim%20Guidance_final.pdf

ネット広告の課題

進化を続けるネット広告には
さまざまな課題もあります。

　ネット広告市場は各国で成長を続けていますが、悪意のある事業者による不正行為など、対応しなければならない課題も多いのが現状です。

　前項で紹介したビューアブルインプレッションは、適切でない環境で発生したインプレッションに対する課金を防ぐ意味もあり、ディスプレイ広告の課金対象を、ビューアブルインプレッションのみとする **vCPM**（**viewable CPM**）に移行する動きが出ています。

マルウェアとアドブロック

　広告を経由してユーザーの利用環境にダメージを与えるマルウェアと呼ばれる不正なプログラムの存在、スマートフォンでの広告表示の負担感などから、主に欧米のユーザーの間で、広告を表示させない**アドブロック**が広がっています。

　アドブロック自体は新しいものではありませんが、2015 年にアップルが iOS 9 で Safari ブラウザにアドブロッキングを可能にする拡張機能（Content Blocking Safari Extensions）を追加したことで、アドブロッカーと呼ばれるツールやアプリに注目が集まりました。こうしたツールは Safari 以外のブラウザでも利用することができます。

　しかし、広告がブロックされると、広告収益で運営されているメディアサイトがダメージを受けます。この点についてはメディア側も危機感を強めており、広告を非表示にしているユーザーにはサービス利用やコンテンツの閲覧を不可にするケースも出ています。

広告とデータ活用

　広告配信におけるデータ活用が進んでいますが、ユーザーの許諾を得て広告を表示しているのか、意図しないデータ連携が行われていないかなど、依然としてユーザー側には懸念があります。日本では個人情報保護法が改正され、企業の適切なデータ活用を促進する体制は整いつつありますが、実際の運用に際してはさまざまな困難が予想されます。

　このほかにも、広告詐欺による不正なトラフィック、権利者の許可を得ない音楽や動画の不正なコンテンツの流通などによる被害も看過できない状況です。

　テクノロジーの進化とデバイス環境の変化に対応しながら、ユーザーの広告体験を改善し、媒体社の収益向上を図るには、これからも多くの議論と取り組みが必要になります。

図 07-02 ネット広告にはさまざまな課題があります。

ネット広告のこれから

個別の課題ではなく、ネット広告の
エコシステム全体で考えることも重要です。

通信環境の変化

ネット広告を取り巻く環境は、現在進行形で変化しています。その代表的なものに世界各国で実証実験が行われている、第5世代移動通信方式（5G）があります。

5Gは10Gbpsを超える通信速度、LTEの約1000倍のデータ容量、IoT（Internet of Things）の普及に伴う端末数の増加などに対応する次世代の移動通信方式です。特に日本では2020年の東京オリンピック開催へ向けて、5G通信技術の開発、インフラ整備が進められています。

IoT への対応

IoTでは、パソコンやスマートフォンなどのモバイル端末だけでなく、時計や眼鏡、ドアのロック、家電製品や健康機器、自動車に至るまで、さまざまな機器がつながり、データをやりとりするようになります。

スマートフォンの画面よりも小さな時計や眼鏡といった端末で、どのような広告が成立するのか。電気自動車をひとつの通信端末と考えたとき、どのようなサービスが可能なのか。今後はこうした視点から、消費者とのコミュニケーションを考えることも必要になってくるでしょう。

広告のエコシステム全体で考える

本書では、ネット広告のさまざまなテクノロジーやデータ活用について説明してきましたが、ビューアブルインプレッションによる透明性の向上、アドブロックへの対応、データ活用とプライバシーのバランスをどうとる

のかなど課題は山積みです。しかし、ネット広告がこれからも進化を続けるためには避けることはできません。ネット広告のエコシステムを俯瞰して、業界全体で考えることが重要です。

　具体的な施策には、ネイティブ広告やコンテンツマーケティング、ソーシャルやアプリを使った新たな消費者とのコミュニケーション、インターネット通信環境の改善という大きなインフラ改革も含まれます。同時に「広く告げる」という広告の機能そのものについても新たなアプローチが必要となりそうです。

　広告の未来を考えることは、人々の生活がこれからどう変わっていくのか、その未来像を考えることにもつながっていきます。日本にネット広告が誕生して20年。現状を理解し、分析し、その先にある世界を考えることは、ネット広告にたずさわる人にとって終わりのないチャレンジといえるでしょう。

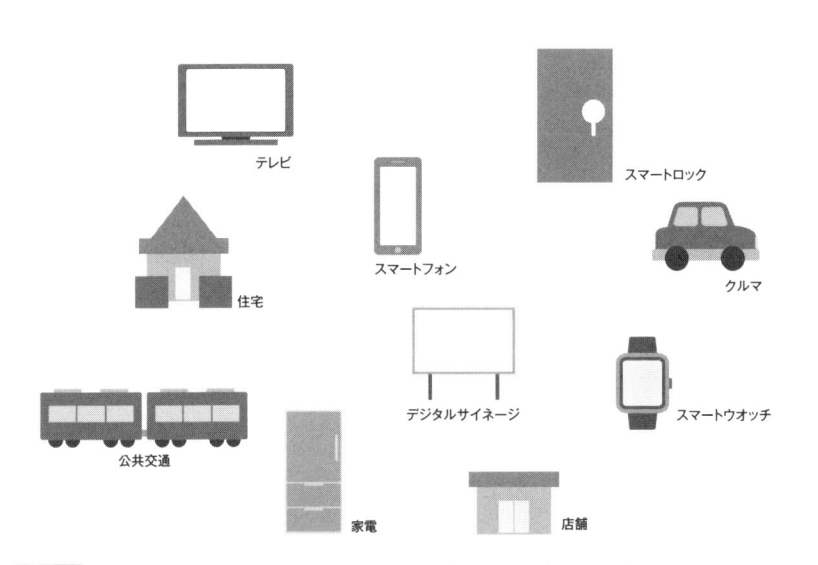

図 07-03 IoT（Internet of Things）で広告はどう変わっていくのでしょうか。

column "組織の壁" をいかに取り払っていくか

デジタル活用が進むであろう今後の 20 年は、PR、宣伝、販促、営業、E コマース、会員プログラム、カスタマーサポートのすべてで、より「デジタルマーケティング」の視点が重要となります。

ネット広告が誕生して 20 年の時が流れましたが、数多くのクライアントへの提案活動を通して感じる課題はあまり変わっていません。たとえば、実際にデジタルマーケティング業務を担当しているメンバーのリテラシーは上がっているけれど、そのほかの部門はあまり上がっていないといった状況があります。この課題を解決していくには、組織間の "情報の壁" や "連携の壁" をより低くする必要があるでしょう。

企業がデータを蓄積して適切に活用し、新たなサービスや広告手法を使いこなすためには、年月を掛けて蓄積した社内のデジタルマーケティングに関するノウハウが、そのまま企業業績につながるという認識を全社員が共有することが重要になります。

それを実現するのは簡単なことではありませんが、組織を大胆に再編し、実現へ向けて動き出している企業もあります。国内ではデジタルマーケティングの歴史はまだ始まったばかりですが、そうした企業の中には、すでに成果を上げている例もあります。今からでも取り組むのに遅くはありません。自社が実現したいことを見極め、そのために何が必要なのかを知ることが、デジタル活用の第一歩となるでしょう。

⚙ さくいん

🏵 参考文献

「DSP/RTB オーディエンスターゲティング入門」横山隆治、菅原健一、楳田良輝 著
（インプレス R&D）

「インターネット広告革命」横山隆治 著（宣伝会議）

「インターネット広告の基本実務 2015 年度版」（日本インタラクティブ広告協会）

「オンラインビデオ広告入門」横山隆治、楳田良輝、榮枝洋文、松矢順一 著
（インプレス R&D）

「グーグル　ネット覇者の真実」スティーブン・レヴィ 著、仲達志、池村千秋 訳
（CCC メディアハウス）

「クラウドでできる HTML5 ハイブリッドアプリ開発」、永井勝則 著、
アシアル株式会社 監修（翔泳社）

「コトラー＆ケラーのマーケティング・マネジメント基本編 第 3 版」
フィリップ・コトラー、ケビン・レーン・ケラー 著、恩蔵直人 監修、月谷真紀 訳
（丸善）

「ビッグデータビジネスの時代」鈴木良介 著（翔泳社）

「改訂　新広告用語事典」亀井昭宏 監修、電通広告用語事典プロジェクトチーム 編（電通）

「改訂版 ネット広告ハンドブック」徳久昭彦、永松範之 編著
（日本能率協会マネジメントセンター）

「教科書には載らないニッポンのインターネットの歴史教科書」ばるぼら 著（翔泳社）

「近代日本広告史：資料が語る」大伏肇 著（東京堂出版）

「顧客を知るためのデータマネジメントプラットフォーム　DMP 入門」横山隆治、
菅原 健一、草野隆史 著（インプレス R&D）

「新版 リスティング広告 成功の法則」阿部圭司 著（ソーテック社）

「図解インターネット広告」太駄健司 著（翔泳社）

「データ・サイエンティストに学ぶ「分析力」」ディミトリ・マークス、
ポール・ブラウン 著、馬渕邦美 監修、小林啓倫 訳（日経 BP 社）

「日本広告史：経済・表現・世相で見る広告変遷」八巻俊雄 著（日本経済新聞社）

🏵 調査資料・ガイドラインほか（国内）

「平成 26 年 通信利用動向調査」総務省

「平成 26 年度版 情報通信白書」総務省

「電子商取引に関する市場調査」経済産業省（2015 年 5 月）

「メディア定点調査・2015」博報堂 DY メディアパートナーズ（2015 年 7 月）

「国内動画メディアの接触率調査」サイバーエージェント（2015 年 8 月 10 日）
「スマホ利用は 27 個のアプリで利用時間の 72％を占める」ニールセン（2014 年 10 月 1 日）
「YouTube のスマートフォンからの利用者は 3,000 万人超」ニールセン（2015 年 2 月 24 日）
「日本、アメリカともにスマホユーザーの 80％が動画サービスを利用」ニールセン（2015 年 9 月 29 日）
「スマホアプリ利用時間の約 35％はコミュニケーションで消費、1 位は「LINE」」ニールセン（2015 年 11 月 25 日）
「2014 年スマートフォン広告市場規模推計」D2C ／ CCI
「2015 年 企業のインターネット広告・モバイル広告利用動向調査」D2C ／日経 BP 社

「広告倫理綱領」（日本広告業協会）
「インターネット広告掲載基準ガイドライン」日本インタラクティブ広告協会
「2015 年度版 インターネット広告の基本実務」日本インタラクティブ広告協会
「JIAA インフォメーションアイコンクリエイティブガイドライン」日本インタラクティブ広告協会
「ネイティブ広告の定義と用語解説」日本インタラクティブ広告協会 ネイティブアド研究会

「電通「サトナオ・オープン・ラボ」がソーシャルメディアに対応した消費行動モデル概念『SIPS』を発表」電通（2011 年 1 月 31 日）
「アタラ、ネットワーク時代の新消費行動モデル「Dual AISAS Model」を開発」アタラ（2015 年 10 月 7 日）

✴ 調査資料・ガイドラインほか（海外）

"Data Brokers" Federal Trade Commission
"Digital Video Ad Serving Template（VAST）3.0" IAB
"Digital Video Player-Ad Interface Definition（VPAID）2.0" IAB
"Interim Guidance on Mobile Viewable Impression Measurement Issued May 4, 2015" MRC
"Programmatic and Automation - The Publishers' Perspective" IAB
"Native Advertising Playbook" IAB
"State of Viewability Transaction 2015" IAB
"Facebook Q3 2015 Earnings" Facebook

⚙ 監修者

株式会社サイバー・コミュニケーションズ（CCI）

日本のインターネット広告誕生の 1996 年に設立。以来、電通グループのデジタル広告関連事業者として、デジタルマーケティング全般のサービスを展開、数百の広告会社・媒体社との取引とともに、業界を牽引。

「革新的で信頼あるインタラクティブコミュニケーションサービスの提供を通じて、より豊かな情報社会の一翼を担う」という理念を掲げ、メディアとともにユーザーへの価値を提供し、最先端のマーケティングサービスを通じて、クライアントとユーザーのコミュニケーションを実現している。［ウェブサイト］http://www.cci.co.jp/

[監修]

青柳仁	小川隆行	小山卓利	小山麻美子
今野貴博	杉本秀樹	杉森敦	角雅晴
高橋佑樹	高松幹夫	田代直樹	田中芳樹
内藤龍之介	中野滝夫	長尾篤	中哲成
根本朗生	馬郡健	山田真也	

[コラム執筆]

田代直樹	馬郡健	町田哲生

⚙ 監修協力

株式会社 D2C
株式会社 DA サーチ＆リンク

⚙ 編著者

MarkeZine 編集部

IT ／ビジネス系書籍を出版する株式会社翔泳社が運営する、オンライン・マーケティングに関する実践的なノウハウを提供している情報サイト。2006 年 5 月にオープン以降、デジタルを主軸とした広告／マーケティング領域をカバーする国内最大級のメディアへと成長している。イベント「MarkeZine Day」、セミナー「MarkeZine アカデミー」を開催するほか、定期誌や書籍も刊行している。［ウェブサイト］http://markezine.jp/

装丁・本文デザイン　宮嶋章文
DTP　株式会社アズワン
イラスト　渡辺鉄平
企画・取材・編集　井浦薫（翔泳社 MarkeZine 編集部）

ネット広告がわかる基本キーワード 70

2016 年 1 月 21 日　初版第 1 刷発行

監　修　者　　株式会社サイバー・コミュニケーションズ
編　著　者　　MarkeZine 編集部
発　行　人　　佐々木幹夫
発　行　所　　株式会社翔泳社（http://www.shoeisha.co.jp）
印刷・製本　　凸版印刷株式会社

ISBN978-4-7981-4309-5　　Printed in Japan